Família em Primeiro Lugar

Linda & Richard Eyre

{ O Livro da Valorização da Família
Estabelecendo Princípios que Consolidam as Relações Familiares
Leis da Natureza que nos Ensinam e Enriquecem }

M.Books

M.Books do Brasil Editora Ltda.
Rua Jorge Americano, 61 - Alto da Lapa
05083-130 - São Paulo - SP - Telefones: (11) 3645-0409/(11) 3645-0410
Fax: (11) 3832-0335 - e-mail: vendas@mbooks.com.br
www.mbooks.com.br

Dados de Catalogação na Publicação

Eyre, Linda e Richard
Família em Primeiro Lugar : O Livro da Valorização da Família / Linda & Rickard Eyre
1. Parenting   2. Psicologia
ISBN: 978-85-7680-286-0

Do original: The Book of Nurturing
© 2003 Linda and Richard Eyre. Original publicado pela McGraw-Hill
© 2016, 2004 M. Books do Brasil Editora Ltda.
Todos os direitos reservados.

EDITOR
MILTON MIRA DE ASSUMPÇÃO FILHO

Produção Editorial
Salete Del Guerra

Tradução
Tatiana Kassner

Revisão de Texto
Cláudia Mello Belhassof
Lucrécia Barros de Freitas

Ilustrações
Kvon

Capa
Isadora Mira

Editoração Eletrônica
Crontec

2016
Proibida a reprodução total ou parcial.
Os infratores serão punidos na forma da lei.
Direitos exclusivos cedidos à
M. Books do Brasil Editora Ltda.

Família em Primeiro Lugar

Para os
nossos filhos e os seus filhos

SUMÁRIO

Introdução
SEQÜÊNCIA ou PREFÁCIO?

11

Apresentação
A Natureza Instintiva do
CUIDADO

O cuidado é a aplicação afetuosa e sábia do amor.

21

1

A Natureza do
COMPROMISSO

A LEI DOS GANSOS

Os gansos se unem para sempre e, embora migrem por milhares de quilômetros, eles sempre voltam para casa. As famílias são eternas.

27

2

A Natureza do
ELOGIO

A LEI DOS CARANGUEJOS

Você só precisa de um balde raso para pegar caranguejos porque um caranguejo instintivamente puxará o outro de volta se ele tentar sair. As famílias deveriam incentivar mais do que desencorajar.

45

SUMÁRIO

3
A Natureza da
COMUNICAÇÃO

A LEI DAS BALEIAS

Os cantos das baleias jubarte encorajam umas às outras constantemente dentro da família ou do "grupo", e nunca uma interrompe a outra! A comunicação familiar diz respeito a ouvir e estimular.

59

4
A Natureza da
COERÊNCIA

A LEI DA TARTARUGA

A tartaruga venceu porque sabia (e priorizou) aonde estava indo. Nas famílias, a constância, a coerência e a tolerância sempre vencem (e tornam a corrida agradável). A disponibilidade dos pais é mais importante do que sua capacidade.

75

5
A Natureza da
DISCIPLINA

A LEI DA TROMBA DO ELEFANTE

A tromba do elefante pode levantar um tronco de duzentos quilos ou pegar uma única folha de grama. O amor da família pode ser tanto rígido quanto terno.

91

SUMÁRIO

6
A Natureza da
SEGURANÇA

A LEI DAS SEQUÓIAS

As sequóias têm raízes pequenas e rasas, mas elas se entrelaçam com as outras raízes do bosque. As famílias com raízes unidas se mantêm firmes contra o vento.

111

7
A Natureza da
RESPONSABILIDADE

A LEI DO URSO

Embora seja um impulso natural, é sempre perigoso fugir de um urso. Em nossas famílias, nós crescemos quando enfrentamos a responsabilidade e nos retraímos quando fugimos dela.

129

8
A Natureza da
CONSCIÊNCIA

A LEI DA RÃ

As rãs podem ser cozidas quando perdem sua consciência ou ficam por muito tempo na zona de conforto. Dentro das famílias, a consciência abre oportunidades e neutraliza o perigo.

147

SUMÁRIO

9
A Natureza da
LIBERDADE

A LEI DAS PULGAS

Mantenha as pulgas dentro de uma caixa por tempo suficiente e elas nunca mais pularão acima do nível da tampa, mesmo quando for retirada. As famílias devem ser compostas de liberdade e permissão, não de caixas e tampas.

165

Conclusão
O Subconsciente e o Simbólico

Quando formamos bons hábitos subconscientes e usamos a linguagem comum dos símbolos com nossos filhos, criamos uma atmosfera de cuidados, e nossa casa se torna um lar.

185

Introdução
SEQÜÊNCIA
OU
PREFÁCIO?

Algo Mais Básico que Valores

Um livro sobre a família ou sobre os cuidados dos pais não havia chegado ao topo da lista dos mais vendidos do jornal *New York Times* desde os anos 50 (*Meu Filho, Meu Tesouro*, do dr. Spock); então, quando nosso livro *Teaching Your Children Values* alcançou essa grandiosa posição, tudo que pudemos fazer foi respirar fundo e pensar no porquê. Certamente não era o melhor livro para pais em cinqüenta anos, nem nós estávamos perto de ser os melhores escritores. Olhando para trás, e sendo sinceros, havia provavelmente duas razões principais para o sucesso do livro.

A primeira razão foi o título e a época. Os valores eram a necessidade mais urgente que os pais tinham nos anos 90. Quando viram a violência gratuita, o sexo recreativo e todos os tipos de gratificação imediata e outros valores negativos devorarem seus filhos, os pais não puderam resistir a um guia para ensinar-lhes os valores básicos, como a honestidade, a autodisciplina e o respeito.

A segunda razão foi a apresentadora de TV Oprah. Nós havíamos promovido o livro em muitos outros programas de TV, mas foi Oprah quem nos colocou junto com nossos seis filhos em seu programa por uma hora inteira e explorou cada um dos doze valores no livro e os métodos que os pais poderiam usar para ensiná-los. Ter nossos filhos conosco foi uma experiência assustadora — um programa ao vivo sendo assistido por vinte milhões de pessoas — e nossos dois filhos mais novos, que nunca haviam ficado uma hora inteira sem brigar, estavam sentados um ao lado do outro! Mas nós passamos por isso e, no dia seguinte, as livrarias não conseguiam manter o livro nas prateleiras.

Então essa é uma história de sucesso, certo? O livro vende milhões e ajuda inúmeros pais e famílias. Bem... mais ou menos. Tivemos um número gratificante de cartas e e-mails de pais agradecidos. Mas também tivemos nossa cota de cartas perturbadoras — mensagens desanimadas de pais dizendo que, embora os valores e os métodos para ensiná-los parecessem ótimos, eles estavam tendo uma enorme dificuldade para repassá-los aos filhos. As razões

INTRODUÇÃO
♦ ♦ ♦
Seqüência ou Prefácio?

que os pais colocavam para suas falhas nos fizeram perceber que existem coisas ainda mais básicas do que os valores que os pais precisam estabelecer dentro da família. Recebemos comentários como:

"Nós não conversamos. Eles não me ouvem."

"Meus filhos nunca estão por perto. Eles preferem estar em qualquer outro lugar a estar em casa."

"Não tenho tempo."

"É preciso comprometer-se demais."

"Meus filhos tiram sarro da idéia toda."

"Eles acham que estou 'por fora' — eles não me respeitam."

"Todos são cínicos e críticos demais."

"Meus filhos não sentem nenhuma responsabilidade."

"Nós nunca nos vemos."

"Ele acha que estou apenas criticando e que não confio nele."

"Estamos presos; não podemos mudar quem somos nem os padrões e os hábitos que temos."

"Eu nem sei o que estão fazendo ou onde estão à noite — e eles não me dizem."

"Como posso ensinar valores para um filho que usa drogas e faz parte de uma gangue?"

"Eu só vejo meus filhos no fim de semana — não existe continuidade ou coerência."

"Se eu tentar forçar valores, ela vai pensar que não a aceito do jeito que é."

O retorno que tivemos nos assustou — e nos fez acordar. Ele nos lembrou de como é incrivelmente difícil ser pai hoje em dia e de quantos pais estão completamente desnorteados, sem influência, controle, ou mesmo confiança básica ou relacionamento com seus filhos... e de quantos outros pais estão a caminho dessa situação e nem sabem que é para lá que as coisas estão indo.

Ainda assim, outros pais, talvez a maioria, estão se saindo razoavelmente bem, mas estão sentindo uma profunda necessidade de estabelecer com mais firmeza os padrões de confiança, de apoio e de responsabilidade que manterão a família unida e darão aos filhos maior possibilidade de felicidade e de sucesso. Esses pais querem estabelecer uma *ofensiva* enquanto seus filhos são novos para que não tenham que ficar constantemente na *defensiva* quando os filhos forem mais velhos.

O mais importante é que existem algumas necessidades familiares universais, alguns princípios básicos de cuidado, até mais fundamentais que os valores, e que eles devem anteceder e preparar o caminho para o ensinamento dos valores. Princípios como a atenção, o compromisso, a coerência e a comunicação devem estar presentes para criar uma atmosfera de lar, na qual os métodos de ensino funcionem e os valores possam ser ensinados. Esses são os princípios do cuidado e do amor que fazem os filhos se sentirem seguros, valorizados e estimados, e os deixam suscetíveis aos valores que desejamos ensinar.

Em um determinado momento, quando *Teaching Your Children Values* estava vendendo tão bem e parecia estar ajudando tantas famílias, consideramos a possibilidade de escrever uma seqüência. Mas enquanto pensávamos a respeito e líamos nossa correspondên-

INTRODUÇÃO
◆ ◆ ◆
Seqüência ou Prefácio?

cia, percebemos que o que realmente precisávamos escrever era um *prefácio* — um livro mais básico que tratasse das necessidades mais básicas da família; um livro sobre como instalar a atmosfera que transforma uma casa em um lar e cria o ambiente de cuidados que possibilita que os valores sejam ensinados e aprendidos.

Há um ditado antigo que diz: "As pessoas não se importam com quanto você sabe até que saibam quanto você se importa". Uma verdade parecida com essa se aplica aos cuidados dos pais. Não podemos realmente ensinar nossos filhos até que tenhamos aprendido a cuidar deles. Nesse sentido, este livro é verdadeiramente um prefácio, porque suas lições sobre o cuidado devem anteceder e preparar o caminho para os valores que queremos ensinar aos nossos filhos. Dito de outra forma: *Antes de podermos ensinar aos nossos filhos os valores verdadeiros, precisamos verdadeiramente valorizar nossos filhos.*

VOCÊ ESTÁ ORGANIZANDO OU CUIDANDO?

Muitos pais hoje em dia se tornaram melhores em organizar seus filhos do que em cuidar deles. Organizar é algo que fazemos com nosso cérebro. Trata-se de terminar a lição de casa e chegar na hora para a aula de futebol ou de música. Trata-se de ajudar nossos filhos a fazer tudo que podem fazer e a ser tudo que podem ser; e vai desde colocá-los na pré-escola correta quando eles têm três anos até colocá-los na faculdade certa quando têm dezoito.

Mas com toda a nossa organização, estamos cuidando o suficiente? Cuidar é algo que fazemos com nosso coração e com nossa mente. Trata-se de acrescentar o abraço à agenda, o elogio ao impulso, o calor à luz. Trata-se de perceber quem eles já são enquanto os ajudamos a ir em direção ao que podem se tornar.

A pior metáfora que já ouvimos sobre os cuidados dos pais é mais ou menos assim: "O filho é a massa de argila, e o pai é o escultor". Os filhos são tudo menos massas, e os pais que tentam moldá-los para que se tornem intensificações de seu próprio status ou extensões de seu próprio ego fracassarão — e farão muito mal aos filhos no processo.

Uma analogia muito melhor é a da muda. Os pequenos brotos verdes na estufa podem parecer todos iguais, mas um é um carvalho, outro é um pinheiro e outro uma macieira. Nós não os moldamos, nós cuidamos deles, descobrindo quem são, aprendendo o que precisam, fornecendo a quantidade de água, de sol e de fertilizantes indicados para cada um, de modo a ajudá-los a crescer para serem melhores do que já são.

Organizar, moldar, guiar e ensinar têm o seu lugar, mas *cuidar* é um cobertor contínuo, debaixo do qual os melhores aspectos de cada um podem ser encontrados. E a analogia da muda é só o começo do que a natureza pode nos ensinar sobre cuidar.

INTRODUÇÃO
♦ ♦ ♦
Seqüência ou Prefácio?

Histórias e Analogias:
Uma Maneira de Lembrar e de Aplicar

Este livro contém nove "leis naturais" simples, porém poderosas, sobre o cuidado; leis que podem proteger e melhorar as famílias e dar aos filhos um sentimento de valor e de estima. Mas não importa quão básicos ou importantes a lei ou o princípio sejam, é difícil se lembrar deles e coerentemente aplicá-los no dia-a-dia. Por isso, sugerimos dramatizar ou associar as leis e os princípios a histórias ou fábulas — algum tipo de símbolo que os mantenha vivos em nossa memória e os faça ecoar em nossos corações, para que possamos colocá-los em prática automática, natural, até subconscientemente.

Quando começamos a apresentar os nove princípios básicos deste livro em palestras ou seminários, não havia símbolos ou histórias de animais ligados a eles. Nós simplesmente colocávamos cada um deles em uma tela com um "número 1" ou "número 2" bem grande. Explicávamos cada um dos nove princípios e dávamos exemplos de como ele poderia funcionar em uma família. Os pais em nossa platéia concordavam e pareciam impressionados. Mesmo assim, depois dos seminários, quando perguntávamos aos pais de quantos princípios eles conseguiam se lembrar, a "contagem" média era quatro. E se os pais só conseguiam se lembrar de alguns deles logo após a palestra, em quantos conseguiriam pensar e quantos realmente aplicariam em suas vidas?

Uma noite, em um seminário, contamos uma "história de animal" — um simples fato sobre as baleias jubarte e como elas são capazes de ouvir o chamado de outra baleia jubarte a centenas de quilômetros de distância. A necessidade de ouvir — a escuta ou o "princípio da comunicação" — foi aquele de que todos os pais conseguiram se lembrar no final da noite, e estava claro para eles que, quando escutar é difícil ou "distante", esse é o momento mais importante para sintonizar e realmente ouvir. Tivemos a sensação de que aqueles pais não só se lembrariam desse ponto, mas também de implementá-lo. Além disso, os *filhos* conseguiram aprender e se lembrar desse princípio por causa da metáfora do animal que o acompanhava.

Começamos a pensar na importância e na força dos símbolos, em como eles podem nos ajudar a ficar concentrados no que é realmente importante e a fazer boas escolhas mesmo sob pressão.

Então, recorrendo a algumas experiências pessoais e às características singulares de algumas criaturas da natureza, criamos uma história ou uma fábula de animais para cada um dos outros oito princípios. Recorrendo ao instinto dos caranguejos de puxar um ao outro para trás em vez de impulsionar um ao outro, o "Princípio do Apoio Positivo" se transformou na "Lei dos Caranguejos". O "Princípio do Compromisso" se transformou na "Lei dos Gansos", e o "Princípio do Amor Rígido" se transformou na "Lei da Tromba do Elefante". É mais fácil aprender e lembrar a partir de analogias baseadas no comportamento positivo ou negativo de outras criaturas. E, já que a própria natureza é um local de cuidado e criação, é o melhor ambiente ou cenário para se buscar analogias.

INTRODUÇÃO
◆ ◆ ◆
Seqüência ou Prefácio?

Sendo assim... este não é um livro denso, com teorias complicadas ou análises cansativas. É um livro bem descrito, focado e simples sobre nove leis ou lições de cuidado básicas, porém profundas. As histórias e ilustrações de animais têm a intenção de *simplificar* produtiva e positivamente as lições — não no sentido de torná-las simplórias, mas para que sejam simples de usar. Como disse Oliver Wendell Holmes: "Eu não daria nada pela simplicidade que antecede a complexidade, mas daria minha vida pela simplicidade desenvolvida a partir da complexidade".

As nove histórias de animais ou leis naturais são a *essência* dos princípios poderosos e de longo alcance. Ainda que a idéia básica de cada um seja simples e óbvia, os *detalhes* de cada história são feitos para mostrar como cada princípio funciona e o que cada um deles exige de nós. Por exemplo, a questão não é que as baleias jubarte simplesmente se *comunicam*, mas que elas se comunicam com uma intensidade especial em momentos de necessidade, que elas não interrompem umas às outras, que sua comunicação é quase sempre positiva e de aprovação, e que elas praticamente nunca perdem o contato com sua família ou "grupo".

Portanto, as nove leis naturais são a condensação, a concentração, a culminação de partes maiores do Universo. Elas são os princípios fundamentais por meio dos quais podemos efetivamente cuidar de nossos filhos e transformar nossas casas em lares. As fábulas ou histórias que ilustram e iluminam as leis são "ímãs de memória" que as mantêm em nossos corações, onde esperamos que elas se transformem em fortes compromissos, e em nossas mentes, onde elas podem finalmente se tornar bons hábitos.

APRESENTAÇÃO

A NATUREZA INSTINTIVA DO CUIDADO
A Aplicação Inteligente do Amor

Nós nunca conhecemos um pai que não amasse seu filho. Mas conhecemos muitos pais (e às vezes *fomos* esse tipo de pai) que não *aplicavam* seu amor de forma muito inteligente. Alguns pais tentam amar os filhos mimando-os, permitindo que façam tudo que quiserem, dando sermão, exigindo disciplina demais, ou forçando-os a se adequar ao molde que projetaram para os filhos.

Como você pode ver pela introdução, nós consideramos que a palavra *cuidado* coloca o amor dos pais em um patamar mais elevado. É uma palavra aconchegante e confortável com a qual todos os pais parecem se identificar. Ela representa uma qualidade

O LIVRO DA VALORIZAÇÃO DA FAMÍLIA
◆ ◆ ◆
Leis da natureza para enriquecer sua vida em FAMÍLIA

e uma habilidade que a maioria dos pais quer desenvolver. Pode estar sob a forma de verbo (cuidar), que descreve uma das coisas mais importantes que fazemos na vida; ou de adjetivo (cuidadoso), como muitos pais gostariam de ser descritos. Cuidar bem dá força ao filho e acalma, alivia ou diminui o estresse dos pais. O cuidado também faz parte da vida de avós, tios e tias, padrinhos, mentores, professores e todos que amam e se comprometem com uma criança.

O dicionário define *cuidar* com palavras como "zelar", "acautelar-se" e "tratar". Além disso: "... o processo de educar" e "... ensinar a moral e a disciplina". Para o propósito deste livro, gostaríamos de definir o cuidado como "a aplicação afetuosa e sábia do amor". Vamos nos aprofundar ainda mais e concordar que queremos cuidar dos nossos filhos de maneira a presenteá-los com a segurança e a identidade familiar, a confiança e a individualidade, para que tenham senso de responsabilidade e força para aumentar suas chances de alcançar todo seu potencial e desempenho.

Para fazer tudo isso, nosso cuidado deve ser profundo e honesto, além de inteligente. Este livro fala da *natureza* do cuidado, sobre as qualidades e os padrões que os pais, outros familiares e os professores das crianças podem desenvolver para criar uma atmosfera que cuide delas e crie aquelas que eles amam. Chamamos essas qualidades e padrões de "Leis Naturais do Cuidado". São nove, e lidam com as coisas mais fundamentais, como o compromisso, o elogio, a responsabilidade, a segurança, a disciplina e a comunicação.

A NATUREZA INSTINTIVA DO CUIDADO
◆ ◆ ◆
A Aplicação Inteligente do Amor

CRIANDO
SUA PRÓPRIA "NATUREZA DE PAI"

Como os nove princípios e as histórias que os ilustram vêm da *natureza*, eles são leis *naturais*. Uma vez que sejam leis totalmente compreendidas, elas são fáceis de lembrar, instintivas e fáceis de aplicar. Nos pais sinceros e bem-intencionados (do tipo que compra livros de ajuda), as leis naturais vão ecoar assim que forem lidas. Os símbolos animais vão nos lembrar delas mesmo quando começarmos a esquecê-las. Se estivermos interrompendo mais do que ouvindo, pensaremos nas baleias. Se estivermos criticando mais do que elogiando, pensaremos nos caranguejos. As histórias podem nos influenciar — ou nos modificar — até que fazer a coisa certa seja natural e fazer a coisa errada seja incômodo.

Lembre-se, enquanto estiver lendo, de que são as leis ou os princípios que importam. As fábulas ou histórias de animais estão aqui somente para nos ajudar a lembrar das leis; as histórias foram criadas para fixá-las na nossa memória. Os princípios precederam as histórias, não o inverso. Nós não observamos caranguejos, ouvimos baleias ou olhamos para as sequóias e dissemos: "Puxa, aqui está uma lição para os pais". Em vez disso, começamos com os nove princípios que acreditamos que sejam as lições mais importantes que os pais podem aprender, os nove pilares que sustentam o bom cuidado dos pais e as famílias bem-sucedidas, coisas que temos falado aos pais há vinte anos. Como maneiras de lembrar e internalizar

O LIVRO DA VALORIZAÇÃO DA FAMÍLIA
♦ ♦ ♦
Leis da natureza para enriquecer sua vida em FAMÍLIA

os princípios, encontramos ou criamos as nove histórias ou parábolas de animais.

Não somos escritores de fábulas — somos escritores para pais e famílias tentando ajudar os pais a se lembrarem de fazer as coisas certas. Mas falando nas fábulas de Ésopo*, nós usamos seu conto mais famoso — A Tartaruga e a Lebre — neste livro. Outra de suas fábulas — O Escorpião e o Sapo — nos leva novamente à questão da "natureza".

O escorpião pede ao sapo que o leve para a outra margem do rio.
"Não, você pode me picar", diz o sapo.
"Não vou", diz o escorpião, "porque, se eu fizesse isso, nós dois poderíamos afundar e morrer".
Convencido, o sapo concorda em dar uma carona a ele. Na metade do caminho, o escorpião o pica. Enquanto ele vai se debatendo e os dois começam a afundar, o sapo pergunta: "Por que você fez isso?"
"Porque", diz o escorpião, "é minha natureza".

As pessoas também, especialmente os pais, às vezes culpam sua natureza por muitas coisas que fazem. Conhecemos um triste homem que traiu sua esposa (e, portanto, os filhos) durante anos, e a melhor desculpa que conseguiu inventar foi que seu pai e seu avô eram namoradores — e que, portanto, ele tinha uma predisposição genética para o adultério. Por mais absurdo que pareça, existem al-

---

* Autor de conhecidas fábulas como A Cigarra e a Formiga, A Tartaruga e a Lebre.

A NATUREZA INSTINTIVA DO CUIDADO
◆ ◆ ◆
A Aplicação Inteligente do Amor

gumas coisas negativas ou destrutivas em que a maioria de nós se pega imitando os pais, não importa se queremos ou não. Nós nos vemos tratando e falando com nossos filhos exatamente como nossos pais faziam conosco, e dizendo coisas que juramos nunca dizer em tons que juramos nunca usar.

A palavra *natureza* é interessante. Grande parte de nossa natureza, instinto ou inclinação natural como pais é muito boa. Temos a natureza de cuidar, de se preocupar e de dar o melhor aos nossos filhos. Mas também nos pegamos dispostos a criticar, às vezes a castigar severamente, às vezes a mimar e estragar demais.

Subconscientemente, cada um de nós aprendeu lições de como educar a vida toda, algumas boas e outras ruins — dos nossos próprios pais, de outras famílias com que tivemos contato ou sobre as quais lemos, de nossa própria disposição e inclinação, até mesmo dos conselhos e clichês que ouvimos dos *experts*.

O objetivo das nove leis que se seguem é ajudá-lo a planejar e criar sua própria natureza *escolhida*, utilizando as histórias da natureza para ajudá-lo a lembrar que tipo de pai você quer ser. Então, talvez algum dia alguém faça a você uma pergunta bem diferente daquela que o sapo fez ao escorpião, mas você dê a mesma resposta: "Como você criou um filho tão extraordinário?" Você provavelmente vai responder, do fundo do coração: "É minha natureza".

1

A Natureza do COMPROMISSO

Perto da cidadezinha de Idaho onde eu (Linda) cresci, existe um refúgio de aves que é freqüentado, nos meses mais quentes, pelos gansos canadenses. Eu me lembro de perceber as grandes aves no outono quando ouvia suas grasnadas a distância, olhava para cima e via as perfeitas formações em V bem acima de mim, em direção ao sul. Aprendi nas aulas de biologia e nos livros que, em sua migração anual, os gansos voam alto o suficiente para encontrar as correntes propulsoras; que eles voam em formação de V para diminuir a resistência do vento, revezando-se na posição dianteira; e que eles podem voar por milhares de quilômetros sem pousar. Também aprendi que, por algum tipo de radar biológico interno ou posicionamento global, eles retornam na primavera para o local exato de onde saíram: o local onde nasceram, seu lar.

A LEI dos GANSOS

O LIVRO DA VALORIZAÇÃO DA FAMÍLIA
♦ ♦ ♦
Leis da natureza para enriquecer sua vida em FAMÍLIA

Algumas vezes, no começo da primavera, acho que vi o momento exato em que os gansos retornaram ao nosso refúgio de aves. Eles desciam parecendo exaustos, mas felizes por estarem em casa, aterrissando suavemente na água e nadando com alegria, como se estivessem abrindo uma casa que havia ficado fechada no inverno.

Por mais que eu gostasse dessas visões de migração na primavera e no outono, o começo do verão era minha estação favorita para observar os gansos. Quando um dos meus pais me levava pelos pântanos, víamos os bebês marrons fofinhos nadando enfileirados atrás da mãe, enquanto o pai sempre nadava por perto para dar proteção. Se estivesse ventando ou chovendo, a mãe diminuía seu ritmo e olhava para trás, como se os estivesse contando e acompanhando, e o pai se aproximava mais para ajudar no caso de algum dos filhotes se perder. Quando os bebês tentavam subir em um lugar íngreme, tanto a mãe quanto o pai os impulsionavam.

Quando fiquei mais velha, aprendi que os pais gansos canadenses não só trabalham juntos, mas ficam juntos, acasalando por toda a vida e vivendo até sessenta ou setenta anos. Eles também ficam com os filhos, até que estejam crescidos, seu amor magnificamente ilustrado por seus hábitos.

Uma vez, enquanto passávamos pelo pântano, vimos uma fêmea adulta que primeiro pensamos estar ferida. Ela estava fazendo muito barulho e nadava de maneira frenética e desordenada. Ao observarmos, percebemos que ela havia perdido um dos filhos. Os outros gansinhos estavam agrupados em um banco de terra e ela checava se eles estavam bem e depois se lançava pelas diversas passagens na vegetação, procurando o filhote perdido. Pensamos que seus gritos altos e freqüentes

A NATUREZA DO COMPROMISSO
♦ ♦ ♦
A Lei dos Gansos

eram chamados para o filho perdido, mas, como ela olhava para cima enquanto chamava, percebemos que ela estava chamando seu companheiro. Um instante depois, ele desceu. Juntos encontraram o filhote perdido e então o cobriram com as asas até que estivesse reintegrado à família. Seja lá o que estivesse fazendo, o pai abandonou tudo imediatamente quando sua família precisou dele. Após aquela pequena crise na família dos gansos, os pais nadaram apressadamente de filho a filho, afocinhando-os e grasnando para eles incessantemente, como se para reassegurar que, acima de qualquer dúvida, sempre seriam cuidados e nunca perdidos ou esquecidos.

Li recentemente a respeito de uma experiência parecida com uma família de gansos que tentava cruzar uma estrada. Uma motorista viu o pai ganso no meio da estrada, voltado para o lado de onde poderiam vir os carros, com as asas abertas como um guarda vigiando o cruzamento de pedestres. Então a mãe e os filhotes começaram a cruzar a estrada. A motorista, que parou no acostamento, disse que pôde ver que o pai ganso não estava vigiando o carro dela, mas, na verdade, olhando em seus olhos para ver se ela se moveria na direção deles. Quando ele teve certeza de que não, saiu de sua posição de sentinela para apressar o resto de seus relutantes filhos pela estrada.

Talvez seja por causa da simplicidade e da beleza daquele cenário da infância e das lembranças que tenho de lá que passei a adorar esses gansos canadenses e a respeitar o quanto podiam viajar e ainda assim sempre voltar para casa. Para mim, eles passaram a representar o compromisso das famílias — pais que fazem o melhor para ficar juntos, para reassegurar aos filhos o compromisso que têm com eles, que aju-

O LIVRO DA VALORIZAÇÃO DA FAMÍLIA
◆ ◆ ◆
Leis da natureza para enriquecer sua vida em FAMÍLIA

dam e orientam, que estão sempre onde deveriam, e cujos filhos, por sua vez, aprendem a ser comprometidos com suas futuras famílias.

A Lei dos Gansos é compromisso e prioridade. Compromisso entre os cônjuges. Profundo compromisso dos pais casados ou solteiros com seus filhos. E a clara e consistente priorização dos filhos e da família acima de todas as outras prioridades. A confiança, a segurança e a certeza que todos nós queremos que nossos filhos sintam vêm diretamente do compromisso aberto e óbvio dos pais, e dos filhos saberem que são nossa maior prioridade e que são mais importantes para nós do que qualquer outra coisa. Uma vez que os filhos sintam isso — de maneira profunda e verdadeira —, eles nos perdoam por nossos erros, por nosso temperamento, por nossas inconstâncias, por todas as nossas inadequações como pais. Precisamos nos lembrar de que nossos filhos não sabem automaticamente do nosso compromisso e de que são prioridade para nós. As tendências naturais dos filhos são, muitas vezes, a insegurança ao invés da segurança, e a dúvida e a culpa em vez da certeza. Precisamos mostrar a eles com mais freqüência o nosso compromisso total e quanto eles são muito mais importantes para nós do que qualquer outra coisa.

A NATUREZA DO COMPROMISSO
♦ ♦ ♦
A Lei dos Gansos

♦ ♦

Como os gansos, devemos sempre voltar para casa.

Como os gansos, devemos colocar nossos filhos em primeiro lugar.

Como os gansos, devemos deixar que eles saibam, por meio do que dizemos e fazemos, que eles são nossa maior prioridade.

Como os gansos, devemos compreender que o compromisso é a mais completa expressão de amor.

Como os gansos, devemos freqüentemente lembrar nossos filhos do nosso amor e mostrar a eles nosso compromisso e lealdade.

Como os gansos, devemos apreciar nosso lar e gostar de estar lá mais do que em qualquer outro lugar.

♦ ♦

As parábolas com animais podem nos ajudar a compreender e a gravar um princípio em nossos corações e em nossas mentes, mas ainda precisamos de exemplos de como aplicar a lei, traduzi-la para termos humanos e transformá-la em uma implementação familiar na vida real. Cada pai tem de encontrar sua maneira individual de fazer isso, mas algumas histórias de outras famílias podem ajudar. Como pai, você normalmente é o contador de histórias, mas nesse ponto de cada capítulo, deixe-nos contar algumas histórias de ninar.

O LIVRO DA VALORIZAÇÃO DA FAMÍLIA
◆ ◆ ◆
Leis da natureza para enriquecer sua vida em FAMÍLIA

Sabemos de uma família que aprendeu a lição das prioridades e do compromisso por acidente (literalmente). Vamos chamar a mãe de Cintia, e essa é sua história.

Mesmo estando parada no sinal vermelho, Cintia podia sentir seu coração acelerado. Ela segurou o volante do carro com mais força e percebeu que estava falando sozinha: "Por favor, que esse seja o último sinal vermelho até eu chegar lá". Quase todos os dias ela devia fazer mais coisas do que podia, e conversar sozinha parecia ajudar um pouco.

"Eu devia ter saído do escritório dez minutos mais cedo", disse a si própria, "mesmo sem terminar a proposta. Guto vai ficar esperando no meio-fio perto do campo de futebol novamente. A babá vai ficar com medo de se atrasar para a aula de ginástica e terá de 'agüentar' o bebê até que eu chegue lá para amamentá-lo. Aline e Janine estarão jogando no computador em vez de fazer a lição de casa e tocar piano. O que vamos jantar? Não vou ao supermercado há uma semana, e as meninas precisam estar no treino de futebol em quarenta e cinco minutos!" Ela podia sentir sua pressão arterial subindo.

Como um tiro de canhão, Cintia pisou fundo no instante em que o sinal ficou verde, o que seria seu último erro apressado por um bom tempo. Outro carro, tentando passar pelo sinal amarelo à direita de Cintia, bateu em seu carro e tudo ficou escuro.

Quando Cintia abriu os olhos, estava em uma cama de hospital. Seu marido estava segurando sua mão, e seus filhos estavam todos ao seu redor, com olhares assustados e cheios de amor. A babá estava segurando seu bebê alegre e gordinho, que dava risinhos para a "mamãe engraçada". O médico lhe garantiu que, fora uma concussão que pode-

A NATUREZA DO COMPROMISSO
♦ ♦ ♦
A Lei dos Gansos

ria embaçar sua visão por um tempo e um tornozelo quebrado que não a deixaria dirigir por um mês, ela estava bem.

Depois do alívio, o primeiro pensamento de Cintia foi o pânico. Como minha família vai sobreviver sem que eu possa dirigir... ou até mesmo enxergar? Como vou continuar cuidando de tudo se não estou com força total?

Entretanto, conforme os dias foram passando, embora sua visão não estivesse muito clara, sua vida começou a entrar em foco. Algo no acidente que poderia tê-la matado ajudou Cintia a colocar sua vida em uma perspectiva mais aguçada. Ela percebeu que estava comprometida demais — com coisas que realmente não seriam muito importantes daqui a vinte anos.

"Desculpe, querido", ela disse ao marido. "Acho que não vou voltar a trabalhar por um tempo. Teremos de diminuir algumas de nossas despesas. Acho que terei de passar mais tempo pensando em você!"

Ele sorriu.

"Desculpem, crianças", ela começou quando recebeu a atenção deles mais tarde naquela noite, durante o jantar que Janine e Aline ajudaram a preparar. Com a perna para cima, Cintia anunciou: "Vamos precisar parar com o treino de futebol por uns tempos. Além de eu não poder dirigir, não temos tido tempo nem para jantar juntos. Em alguns dias, parece que não temos tempo para nada além do futebol e de todas as outras aulas de esportes e música. Ficamos cansados demais até para contar histórias na hora de dormir. É difícil vocês fazerem a lição de casa. Não podemos continuar tentando fazer tudo. Vocês estão crescendo! Temos de aproveitar ao máximo cada dia que temos juntos, e futebol três vezes por semana, para cada um de vocês, simplesmente não permite isso."

O LIVRO DA VALORIZAÇÃO DA FAMÍLIA
◆ ◆ ◆
Leis da natureza para enriquecer sua vida em FAMÍLIA

Janine, Guto e Aline se entreolharam e então Aline lhe contou um segredo: "Tudo bem, mãe, porque nenhum de nós realmente gosta de futebol".

Tentando não ficar tão perplexa com todo o tempo que passou em meio a dificuldades, Cintia se abalou com uma nova compreensão. O tempo que passava junto com os filhos em casa era curto... curto demais para perdê-lo comprometendo-se, e muito, com coisas dispensáveis. Ela percebeu que o que realmente importa é estar junto e deixar o compromisso com a família mais óbvio e visível. Um tornozelo quebrado tornou tudo mais fácil porque tirou algumas coisas dispensáveis e fez todos prestarem mais atenção uns nos outros, lembrando a Cintia e ao marido que sempre que trocamos tempo por coisas fazemos um mau negócio, e que um pouco de tempo ocioso com os filhos vale mais do que todo o tempo ativo tentando fazer tudo.

*A*nos atrás, quando morávamos em Washington, D.C., conhecemos uma jovem e esforçada família que freqüentava a mesma igreja que nós. Os pais não ganhavam muito dinheiro, e moravam com várias crianças pequenas em uma casa bem modesta com apenas um banheiro. Apesar das dificuldades, os filhos sempre pareciam felizes e bem adaptados. Nós nos mudamos e perdemos contato com eles. Muitos anos depois, eu (Richard) fui convidado a dar uma palestra em uma universidade. Uma amável aluna do primeiro ano veio falar comigo depois e se apresentou. Ela era uma daquelas crianças. Enquanto conversávamos, fiquei impressionado com seu equilíbrio e sua autoconfiança.

A NATUREZA DO COMPROMISSO
❖ ❖ ❖
A Lei dos Gansos

Perguntei um pouco sobre sua infância. "O que seus pais faziam? Que métodos usavam para educar vocês?"

Ela riu. "Você se lembra dos meus pais", disse ela. "Eles sofriam simplesmente para termos comida na mesa. Eles não tinham muito tempo para métodos ou técnicas." Então ela fez uma pausa e seu rosto ficou sério, com os olhos um pouco mareados. "Mas lhe digo uma coisa — eles nos faziam entender que nós éramos o que mais importava." Ela me contou como seu pai costumava cobri-la na cama e então segurar seu rosto com as duas mãos, olhar em seus olhos profundamente e dizer: "Te amo, querida. Vocês são minha maior prioridade. Meu compromisso é total com sua mãe e com vocês, crianças. E sempre vai ser." Ela disse que nunca se cansou disso. Mesmo estando longe de casa, disse que ainda podia ouvir essas palavras em sua mente e que elas a confortavam ainda hoje.

A *expressão* freqüente do compromisso é quase tão importante quanto a existência dele. Devemos evitar ficar como os impassíveis "Alf e Anna" do Velho Continente. Anna diz: "Alf, você nunca fala que me ama", e Alf responde: "Anna, eu disse que amava você há trinta anos, no dia em que nos casamos, e, se alguma coisa mudar, você será a primeira a saber".

Aprenda a Lei dos Gansos. Faça seu compromisso ser óbvio e deixe que seu cônjuge e seus filhos aproveitem a segurança que isso lhes dará.

O LIVRO DA VALORIZAÇÃO DA FAMÍLIA
◆ ◆ ◆
Leis da natureza para enriquecer sua vida em FAMÍLIA

◆ ◆

Nessa parte de cada capítulo, vamos ver algumas cenas breves de famílias tentando aplicar a lei natural em sua vida cotidiana. Alguns desses relatos são de nossa própria família; muitos são de famílias que conhecemos ou com quem nos correspondemos durante esses anos; e outros, ainda, combinam as idéias de duas ou mais famílias diferentes. Todas as cenas começam com as palavras *um* ou *uma*, o que sugere que um pai pode fazer diferença; que se *uma* família consegue fazer, você também consegue; que *cada* família é única e individual, e o que funcionou para uma família pode não funcionar para você, mas pode estimular uma idéia semelhante para a *sua* família. Uma imagem vale mais do que mil palavras, e algumas dessas "cenas" podem dar a você idéias ou inspiração para experimentar coisas parecidas. Não experimente todas elas! Apenas escolha as que o atraem ou que você sente que podem "funcionar" na sua situação. Deixe que elas motivem suas próprias idéias. O importante é mostrar quantas maneiras existem para trabalhar e implementar cada princípio.

Uma família com filhos em idade escolar, em um simples esforço de deixar o compromisso mais claro e constante, decidiu ter algo chamado "abraços de compromisso". Era uma idéia simples, dividida em duas partes: (1) eles trocariam mais abraços entre si (o objetivo era pelo menos um por dia entre cada um deles), e (2) a mensagem implícita em cada abraço (para ser pensada toda vez que um abraço fosse dado ou recebido) era: "Estou comprometido com

A NATUREZA DO COMPROMISSO
♦ ♦ ♦
A Lei dos Gansos

você e você é minha maior prioridade. Você é mais importante para mim do que qualquer outra coisa e eu amo você." Eles até mandaram um calígrafo colocar a mensagem do abraço de compromisso em uma placa que foi pendurada na cozinha.

Um pai, cujo trabalho exigia que viajasse muito, decidiu ligar para suas duas filhas adolescentes toda noite que estava longe para perguntar como tinha sido o dia delas, para dizer que ele estava pensando nas duas e que elas eram mais importantes para ele do que seu trabalho — na verdade, a *razão* para o trabalho era sustentar as filhas e a esposa.

Uma tia de duas crianças pequenas — cuja mãe solteira trabalhava período integral seis dias por semana e tinha dificuldade em expressar seu amor — decidiu assumir algumas das necessidades de cuidado. Ela passava na creche das crianças algumas vezes por semana durante o horário de almoço e ficava abraçando e acariciando as crianças e dizendo quanto ela *e* a mãe delas as amavam. Aos domingos ela ajudava sua irmã a levar as crianças ao zoológico ou ao parque e dizia às crianças quanto elas eram amadas e quanto ela e a mãe pensavam nas duas todos os dias.

Um pai, no meio de alguns projetos importantes em seu escritório, estava se sentindo culpado por chegar tarde em casa quase todas as noites, depois que sua filha de sete anos já estava na cama. Ele explicou para a menina que não trabalharia até tarde por muito mais tempo e que, enquanto isso, ela teria uma senha secreta para ligar para ele. A senha era "número um" porque ela era a pessoa mais importante para ele. Ela sabia o telefone de seu escritório, e quando ligava, ela apenas dizia "número um", e a secretária ou achava o pai imediatamente ou a colocava na lista de recados como a primeira pessoa para a qual o pai retornaria a ligação.

Um casal decidiu tentar reservar as noites de segunda-feira para algum tipo de atividade familiar com seus três filhos pequenos, mesmo que fosse apenas uma rápida ida à sorveteria. Eles gostavam de dizer — aos filhos, com a freqüência possível — "A primeira noite da semana para a maior prioridade", e tentavam deixar os filhos decidirem aonde ir e o que fazer.

Eles também ensinaram aos filhos de quatro e de seis anos as palavras "compromisso" (definida como uma promessa) e "prioridade" (definida como uma coisa muito importante). As crianças se sentiam importantes usando "palavras difíceis", mesmo não sendo sempre no contexto que os pais tinham em mente: "Mas, mãe, aquele chocolate é uma prioridade e você se comprometeu a comprar".

Uma mãe ocupada com o trabalho simplesmente criou uma regra para ela mesma, de que não completaria sua lista de afazeres do dia antes de perguntar a si mesma: "Do que meus filhos precisam hoje?" Mesmo que fosse apenas uma coisinha, ela se sentia melhor pensando nisso primeiro, antes dos diversos desafios e exigências do dia.

A NATUREZA DO COMPROMISSO
◆ ◆ ◆
A Lei dos Gansos

Uma família decidiu parar de dizer "tchau" no telefone ou quando alguém saía para ir ao trabalho ou à escola. Em vez disso, eles simplesmente diziam: "Amo você".

Um casal oficialmente "recasou" — fazendo uma segunda cerimônia mais tarde na vida para repetir e enfatizar seus votos e compromissos de matrimônio um ao outro e aos filhos. Eles escreveram "documentos de compromisso" um para o outro (que também foram compartilhados com os filhos). Uma parte do texto do marido dizia assim:

> Eu, por meio deste documento, renovo o meu compromisso, meus recursos, minhas dádivas e minha alma a você como minha maior prioridade, como minha esposa, e como o único amor romântico da minha vida. Embora eu esteja longe de ser um marido perfeito, você pode contar comigo sempre e de maneira absoluta para muitas coisas. Uma delas é que vou colocar você e seus interesses em primeiro lugar em todas as escolhas ou decisões que eu tiver de fazer. A segunda é que serei sempre completamente honesto com você e não terei segredos. A terceira é que serei seu parceiro integral na criação de nossos filhos. A quarta é que nunca deixarei outras prioridades (trabalho, esporte etc.) ficarem na sua frente ou na frente das crianças ou me forçarem a fazer qualquer coisa que possa prejudicar ou causar um impacto

negativo sobre você ou sobre sua felicidade. A quinta é que vou me lembrar disso e manter nossos votos de matrimônio.

Um pai solteiro, que trabalhava em uma linha de montagem de automóveis, tomou providências para trazer seu filho de nove anos para a fábrica em um sábado em que a linha estava parada. Explicou como os carros eram montados e mostrou ao menino o que ele fazia em cada um. Depois, levou o filho ao final da linha de montagem e mostrou a ele os carros prontos. "Filho", ele disse, "os carros são muito importantes, especialmente quando você está dirigindo na estrada, mas você é mil vezes mais importante para mim do que todos esses carros. A razão pela qual eu trabalho é para pagar a comida, as roupas e outras coisas de que você precisa. Você é o que realmente importa para mim. Nunca se esqueça disso!"

Um casal percebeu como o rosto de sua filha pequena se iluminava quando ela via os dois demonstrando afeição um pelo outro. Eles começaram a fazer questão de ficar de mãos dadas, se abraçar e se beijar quando a menina estava vendo, e depois ir até ela, abraçá-la e dizer a ela quanto eles a amavam.

Um casal que adotou três filhos fazia questão de, pelo menos uma vez por mês, dizer aos filhos quanto se sentiam sortudos porque puderam escolher seus filhos em vez de simplesmente aceitar qualquer um que nascesse. As inseguranças e preocupações dos fi-

A NATUREZA DO COMPROMISSO
♦ ♦ ♦
A Lei dos Gansos

lhos de que seus pais biológicos os tivessem rejeitado foram consumidas pelo amor e pelo compromisso dos seus pais "eternos".

Agora que você terminou de ler os trechos sobre como "uma" família fez uma coisa ou "uma" mãe ou "um" pai fez outra, reserve alguns minutos para pensar nas formas como a sua família tenta aplicar a Lei dos Gansos ou nas formas como você gostaria de aplicá-la. Escreva essas idéias nas linhas abaixo. Se nada vier a sua mente agora, volte e preencha mais tarde. Como todas as outras "cenas", o que você escrever vai se tratar de uma família — a sua família. Mas em vez de começar com a palavra "uma", seu parágrafo vai começar com a palavra "nossa".

Nossa família

_____
_____
_____
_____
_____
_____

♦ ♦ ♦ ♦ ♦ ♦ ♦ ♦ ♦ ♦ ♦ ♦ ♦ ♦ ♦ ♦ ♦ ♦ ♦ ♦

Como método final, tente simplesmente ler a história resumida do animal para os seus filhos. Então, converse sobre ela e veja quanto seus filhos a "entendem". Nesse momento pode ser útil prestar atenção no desenho que está no começo do capítulo.

O LIVRO DA VALORIZAÇÃO DA FAMÍLIA
◆ ◆ ◆
Leis da natureza para enriquecer sua vida em FAMÍLIA

O Que Aprendemos com os Gansos

◆

Os belos e grandes gansos canadenses nos ensinam a
lição do compromisso.
Eles se unem pela vida toda e às vezes passam
mais de cinqüenta anos juntos
antes que um deles morra.
Eles são completamente comprometidos com suas famílias.
Eles se ajudam. Fazem coisas juntos.
Eles se mantêm protegidos.
Eles sabem que podem contar uns com os outros.
Eles colocam uns aos outros em primeiro lugar. Sempre
voltam para casa. Nossa família pode ser exatamente assim.
Vamos nos lembrar de ser como os gansos.

Os métodos específicos que usamos para mostrar nosso compromisso — para lembrar a nós mesmos e às nossas famílias que eles são nossas prioridades — não são mais importantes do que o simples fato de *fazermos* isso, e com freqüência. Quando crescem, os filhos que sentem nosso compromisso vão conversar mais conosco, nos escutar mais e confiar mais em nós. O restabelecimento constante do com-

A NATUREZA DO COMPROMISSO
◆ ◆ ◆
A Lei dos Gansos

promisso é a lei natural que cria a atmosfera e o ambiente para que as outras oito leis tenham mais chances de prosperar. Por que deixar que os cônjuges e os filhos *suponham* nosso amor quando é tão fácil *dizer* a eles? Por que negar o cuidado e a segurança que podemos dar através da simples expressão do nosso compromisso?

Alguns dirão: "Bem, falar é fácil" ou "Não vale a pena falar se você não fizer", e eles estão certos. Mas o importante é que nossas palavras nos lembrem de agir de acordo com o que falamos e de viver como nos comprometemos. Encontrar maneiras freqüentes de expressar nosso compromisso é o que nos impede de gradualmente esquecer ou perder esses compromissos.

◆

LEMBRE-SE DOS GANSOS.
TENHA CONSCIÊNCIA DO COMPROMISSO.
MANTENHA SUAS PRIORIDADES NA FORMAÇÃO EM V,
COM A FAMÍLIA NA FRENTE.
SEMPRE VOLTE PARA CASA!

◆

2

A Natureza do ELOGIO

Os caranguejos são pequenas criaturas extraordinárias. Diferentemente de seus parentes, a lagosta e o camarão, os caranguejos andam para os lados com movimentos ligeiros e podem se esconder na areia rapidamente quando o perigo se aproxima. Como todos os artrópodes, eles freqüentemente têm de se desprender de sua carapaça (exosqueleto) para crescer. Os caranguejos bem novos, que têm muito a crescer, se livram de suas velhas carapaças a cada três ou quatro dias.

Eu (Richard) nasci em Baltimore e, embora não tenha muitas lembranças desses primeiros anos de vida, ainda adoro ouvir minha mãe contando histórias de quando ela ia caçar caranguejos no litoral de Maryland. Aparentemente é bem difícil pegar os caranguejos pequenos, que são rápidos e logo se enterram, mas é muito fácil vigiá-los depois que são pegos por causa do

O LIVRO DA VALORIZAÇÃO DA FAMÍLIA
♦ ♦ ♦
Leis da natureza para enriquecer sua vida em FAMÍLIA

seu instinto de "puxar um ao outro para baixo". Uma vez que você tenha pelo menos dois caranguejos, basta você colocá-los em uma panela ou balde raso. Um único caranguejo pode sair facilmente, mas se houver outro lá, ele vai levantar sua pinça e puxar o primeiro caranguejo de volta para dentro antes que ele chegue na borda. Assim, você pode encher um balde com caranguejos e, embora todos eles tentem escapar, nenhum sairá porque em vez de impulsionar os outros para cima, eles seguem seu forte instinto de puxar para baixo qualquer um que tente subir e fique acima deles.

Infelizmente, o comportamento e os hábitos do caranguejo também são comuns entre a nossa espécie. Parece ser parte da natureza humana invejar aqueles que alcançam posições superiores à nossa e puxá-los para baixo literal ou verbalmente, ou pelo menos dentro de nossos pensamentos críticos e julgamentos. Mesmo dentro de nossas famílias não estamos livres disso. Como pais, geralmente somos pegos pelo pensamento de que ser pai é corrigir e criticar, punir e frear. Nos comportamos como se achássemos que nossa função é manter os filhos na linha, em vez de ajudá-los a se desenvolver e crescer. Nossos filhos também imitam bem os caranguejos, com o que chamamos "rivalidade entre irmãos".

Mesmo querendo o melhor para seus filhos, às vezes os pais têm instintos de ressentimento e resistência quando um filho quer ir "além dos limites" ou sente atração por estilos de vida ou condições financeiras além das que os pais puderam obter. De modo inverso, os filhos às vezes se ressentem, criticam e puxam seus pais para baixo quando sentem que podem não corresponder às expectativas deles ou alcançar o nível que os pais alcançaram.

A NATUREZA DO ELOGIO
◆ ◆ ◆
A Lei dos Caranguejos

 A Lei dos Caranguejos é fazer o contrário do que os caranguejos fazem: apoio e afirmação positiva — impulsionar em vez de puxar para baixo, elogiar ao invés de criticar.

Um princípio que quase todos os pais *sabem* (mas que quase nenhum *faz*) é que, já que os filhos desejam receber atenção, devemos dar mais atenção para o comportamento positivo do que para a ação negativa. Fique no shopping lotado durante um dia e observe os pais e os filhos passando. Quem consegue todo o reconhecimento e a atenção? As crianças que estão se comportando são ignoradas. Aquelas que estão chorando, reclamando ou brigando entre elas recebem toda a atenção dos pais.

É um padrão difícil de mudar, mas vale a pena o esforço porque a verdade é que, com o tempo, o elogio funciona e a crítica não.

◆ ◆

Ao contrário dos caranguejos, devemos aprender que impulsionar é a resposta, não puxar para baixo.

Ao contrário dos caranguejos, devemos nos apoiar em vez de competir uns com os outros dentro de nossas famílias.

Ao contrário dos caranguejos, devemos procurar maneiras para construir a autoconfiança de nossos filhos por meio do elogio freqüente, em vez de enfraquecê-la por meio da crítica constante.

Ao contrário dos caranguejos, devemos verdadeiramente querer que nossos filhos cheguem acima e além de nós.

O LIVRO DA VALORIZAÇÃO DA FAMÍLIA
◆ ◆ ◆
Leis da natureza para enriquecer sua vida em FAMÍLIA

Ao contrário dos caranguejos, devemos elogiar o esforço e recompensar as tentativas sinceras.

Ao contrário dos caranguejos, devemos parar de tentar pegar nossos filhos fazendo algo errado e começar a tentar pegá-los fazendo algo certo.

Ao contrário dos caranguejos, devemos amar nossos filhos mais do que a nós mesmos, e o bem-estar deles deve ser mais importante do que o nosso.

Como os caranguejos, devemos aprender a nos desprender de nossas antigas carapaças de julgamento e crítica para que nossa parte mais flexível e cuidadosa possa crescer.

Um dia, quando morávamos no Japão, vimos um exemplo simples e notável sobre como "fazer direito". (As culturas asiáticas são melhores que a nossa para reconhecer o positivo e ignorar o negativo.)

Estávamos batendo papo com Kaiko, uma vizinha nossa, em sua cozinha, quando seu filhinho entrou e começou a incomodá-la, puxando sua saia, interrompendo nossa conversa, choramingando e se exibindo. Kaiko o ignorou por completo. Finalmente, quando ele estava fazendo barulho demais para ser ignorado, ela praticamente (e sem nem olhar para ele) o arrancou de lá, abriu a porta mais próxima, colocou-o do outro lado e fechou. Por acaso, era um armário. Ela continuou a conversar conosco como se nada tivesse acontecido. Alguns minutos depois a porta do armário se abriu e o menino saiu quieto e ficou educadamente perto de sua mãe. Quando houve uma pausa em nossa conversa, ele disse: "Com licença, mãe". Então Kaiko lhe deu toda a atenção, ouvindo o

A NATUREZA DO ELOGIO
◆ ◆ ◆
A Lei dos Caranguejos

que ele precisava — ele estava com sede — e lhe deu um copo de água junto com um tapinha carinhoso na cabeça e um abraço.

Pareceu tão simples. Funcionou tão bem. Ela reconheceu e recompensou o positivo e ignorou o negativo. Ela o impulsionou em vez de puxá-lo para baixo. Ela o "pegou fazendo algo certo".

*U*ma mãe nos contou uma experiência com seu filho de quatro anos, Josué. Ele havia entrado em um grupo de recreação muito cedo e era o único que não tinha conseguido subir até o topo do trepa-trepa, então estava se sentindo um pouco desencorajado e "inseguro". Por impulso, a mãe o levantou em seu joelho e começou a dizer a ele as coisas nas quais ela achava que ele era bom. "Você é bom no arremesso de bolas", disse ela. "É bom para andar de bicicleta e é muito bom para deixar a neném feliz quando ela chora."

No quarto ou quinto elogio, ela percebeu que Josué estava sorrindo, mas agora estava olhando para os lados, aparentemente tentando encontrar algo. "O que você quer?", ela perguntou.

"Uma caneta", disse ele, "quero uma caneta". Ela tirou uma de sua bolsa e ele disse: "Escreva essas coisas — as coisas em que sou bom".

"Onde devo escrevê-las?", perguntou ela, procurando um papel em volta.

"Aqui", disse Josué, estendendo a mão. "Escreva bem aqui na minha mão; escreva uma coisa em cada dedo."

Assim ela fez. E contou que o pequeno Josué, apesar de não ter idade para ler, não quis lavar a mão por dois dias.

O LIVRO DA VALORIZAÇÃO DA FAMÍLIA
◆ ◆ ◆
Leis da natureza para enriquecer sua vida em FAMÍLIA

Um pai estava aprendendo sobre "afirmações profundas" em um seminário no trabalho e decidiu experimentar a técnica com sua filha mais velha que morava fora de casa e estava passando por um período de muito estresse. Ele ligou para ela, a secretária eletrônica atendeu, e ele espontaneamente deixou uma mensagem comprida, cheia de amor e confiança de que ela conseguiria vencer o período difícil por que passava. Ele expressou sua crença nela, relembrando diversas ocasiões em que ela havia enfrentado desafios e alcançado seus objetivos. Ele lhe disse quanto ela havia crescido como resultado das dificuldades anteriores e garantiu que dessa vez não seria diferente. Ele pediu que ela ligasse de volta e contasse como estava sua situação atual, e prometeu que só escutaria. Ele disse que ela era a melhor filha que alguém podia ter e mais uma vez a lembrou de quanto ele a amava e acreditava nela.

Algumas semanas depois, quando estavam juntos, a filha abraçou o pai e contou a ele que havia gravado aquela mensagem e a ouvia várias vezes, especialmente quando estava muito para baixo. A mensagem lhe dava a força, a confiança e o *empurrão* de que ela tanto precisava.

Aprenda a mensagem dos caranguejos. Praticamente qualquer problema de relacionamento que você esteja tendo com seu filho pode ser melhorado com um elogio honesto. Quase como uma poção mágica, ele amolece os corações e ajuda cada indivíduo a ver as potencialidades dos outros. Use a profunda força psicológica que um pai tem para impulsionar seus filhos a ser as pessoas melhores e mais felizes que puderem.

A NATUREZA DO ELOGIO
♦ ♦ ♦
A Lei dos Caranguejos

Não é fácil mudar nossos hábitos e padrões — impulsionar em vez de puxar para baixo, elogiar em vez de cutucar, dar atenção ao comportamento positivo ao invés do negativo — mas tenha coragem e lembre-se de uma qualidade positiva dos mesmos caranguejos que estamos usando como exemplo negativo. Eles se desprendem de suas carapaças para crescer! Como pais, podemos nos desprender de nossa carapaça de críticas e desenvolver uma nova personalidade que elogia!

♦ ♦ ♦ ♦ ♦ ♦ ♦ ♦ ♦ ♦ ♦ ♦ ♦ ♦ ♦ ♦ ♦ ♦ ♦ ♦

Uma mãe, ao perceber que era propensa à crítica e à correção constante de seu filho de oito anos, mas que sinceramente sentia que o menino precisava de cada palavra que ela dizia, decidiu adotar o "método sanduíche". Significava simplesmente colocar uma fatia de elogio ou de reforço positivo em cada lado da crítica ou da correção. Se ela precisasse dizer: "Seu quarto ainda não está arrumado", ela primeiro dizia algo como: "Obrigada por colocar seu prato na lava-louça depois do jantar". Então, depois do lembrete para arrumar o quarto, ela dizia: "Sabe, você é muito bom na arrumação quando tenta".

Um pai, no esforço para melhorar sua abordagem altamente negativa como pai, simplesmente ofereceu aos filhos um real para cada vez que eles o pegassem dizendo "Não". Ele sentia que cada "Não" era uma trava para seus filhos. Conforme foi conscientemente ten-

O LIVRO DA VALORIZAÇÃO DA FAMÍLIA
◆ ◆ ◆
Leis da natureza para enriquecer sua vida em FAMÍLIA

tando evitar o "Não", ele descobriu que sempre podia substituir por algo como "Seria melhor se..."

Uma família começou uma tradição no jantar de domingo: eles davam a volta na mesa e cada um dizia uma coisa positiva que havia admirado ou apreciado em um membro da família durante a semana.

Um pai chegou em casa uma noite e encontrou sua filha de cinco anos em seu banheiro. Ela havia enchido a banheira e colocado tanto sabonete que a espuma estava escorrendo pelo chão. Parecia que ela havia feito isso inocentemente, então ele resistiu ao seu instinto de "trava" e simplesmente sentou-se por um minuto, tentando pensar em um "impulso" para substituir a trava. Ele forçou um sorriso e disse: "Ei, você estava tentando limpar a banheira para mim, não?" Aliviada, a menina correu e pulou em seus braços, confessando: "É, pai, mas eu usei sabonete demais, não foi?"

Uma mãe, preocupada com a rivalidade, a briga e os insultos "humilhantes" entre seus três filhos pequenos, estava ficando exausta de tentar ser a juíza em todas as disputas — tentando descobrir quem fez o quê, quem devia ficar de castigo, e assim por diante. Um dia ela percebeu que o objetivo não devia ser culpar ou punir alguém, mas ajudar os filhos a aprender a resolver suas próprias disputas e a assumir a responsabilidade por seus atos. Ela decidiu criar um "banco de arrependimento" — um pequeno banco de madeira onde os dois filhos que estivessem brigando ou discutindo deveriam

A NATUREZA DO ELOGIO
◆ ◆ ◆
A Lei dos Caranguejos

sentar lado a lado. A única maneira de a criança poder sair do banco era pensar no que havia feito de errado (não no que o outro fez), pedir desculpas, retirar qualquer insulto e abraçar o irmão.

Ela disse que demorou um pouco para estabelecer a política. Foi preciso ensiná-los o princípio de que "quando um não quer, dois não brigam". E, mesmo assim, as crianças geralmente não conseguiam imaginar o que tinham feito — às vezes precisavam perguntar ao outro que estava sentado no banco. Mas, com o tempo, eles aprenderam o que era necessário para "sair do banco", e começaram a admitir, a pedir desculpas e a resolver. Eles também aprenderam que é inútil culpar e puxar o outro para baixo.

Uma mãe com dois filhos longe de casa, na faculdade, criou o hábito de mandar para eles um "e-mail de afirmação" uma vez por semana. Era um e-mail diferente e separado dos normais, com as novidades. Ele continha simplesmente um "impulso" com elogios e uma expressão de confiança, geralmente com uma referência a uma qualidade específica que ela admirava e a uma lembrança de um momento específico em que ela havia percebido e apreciado essa qualidade.

Uma família sentiu que precisava de uma maneira formal de colocar mais ênfase nos elogios entre si. O pai foi a uma loja de artigos esportivos e comprou um troféu com uma placa escrita: "Melhor elogio familiar da semana". No jantar de domingo havia uma pequena discussão sobre os elogios que cada um da família tinha feito. O troféu ia para o membro da família (e ficava no quarto dele por toda a semana) que havia feito o melhor — mais atento, mais honesto — *elogio* a outro membro durante a semana.

Uma avó, que cuidava de seus dois netos pequenos à tarde depois da creche e antes de sua mãe solteira voltar para casa, ficou preocupada com a maneira como sua filha chegava em casa à noite cansada e negativa, e como a fadiga e a frustração apareciam sob forma de crítica constante aos filhos.

Essa avó em particular, compreendendo a pressão e o estresse por que a filha passava, decidiu que o melhor que podia fazer era tentar ajudar sua filha a ser mais positiva e ajudar as crianças a se sentirem mais valorizadas. Ela determinou que notaria, todo dia, uma ação ou um comportamento das crianças digno de elogios. Em vez de dizê-los às crianças, ela escrevia e deixava no balcão da cozinha para sua filha achar mais tarde. Por fim, isso se tornou um ritual. A avó fazia um relatório diário e começou a se deleitar com os elogios merecidos às crianças. A criança mais velha, que estava aprendendo a ler, começou a pedir as anotações a respeito dela e a guardá-las em sua gaveta.

Uma família tinha um quadro de avisos na porta da frente, com um papel que dizia: "A coisa mais difícil para mim hoje". As crianças escreviam: "Prova de matemática — terceira aula, 10h30" ou "Estudar para a prova depois da aula". O pai podia escrever: "Apresentação para o vice-presidente, 15h00". A idéia era que os outros

A NATUREZA DO ELOGIO
♦ ♦ ♦
A Lei dos Caranguejos

membros da família ficassem sabendo e dessem apoio durante os "momentos de tensão" de cada um... que pensassem neles naqueles momentos específicos do dia e talvez rezassem por eles.

Nossa família

_____
_____
_____
_____
_____
_____
_____
_____
_____

*M*ais uma vez, *como* você dá "incentivos" em vez de colocar "travas" não é tão importante quanto o fato de você *fazer* algo e estar consciente disso.

De certa forma, a Lei dos Caranguejos é uma progressão natural da Lei dos Gansos. Primeiro, nos certificamos de que os membros da família estejam constante e amplamente cientes de nosso amor e compromisso com eles, e depois procuramos formas específicas e positivas de demonstrar esse amor dando incentivos, elogios e declarações.

O LIVRO DA VALORIZAÇÃO DA FAMÍLIA
◆ ◆ ◆
Leis da natureza para enriquecer sua vida em FAMÍLIA

> *O Que Aprendemos com os Caranguejos*
>
> ◆
>
> Os caranguejos têm o instinto de puxar um ao outro para baixo
> ao invés de impulsionar um ao outro para cima.
> Essa tendência reacionária evita que qualquer caranguejo
> suba muito alto.
> Em nossa família, quando criticamos
> e puxamos um ao outro para baixo,
> estamos sendo como os caranguejos.
> Vamos nos lembrar de impulsionar um ao outro para cima
> e de fazer elogios entre nós.
> Vamos lembrar um ao outro disso e sempre
> tentar lembrar que devemos ser diferentes dos caranguejos.

A Lei dos Caranguejos é extremamente simples, mas não é fácil de ser vivida. Muito do nosso instinto paterno é criticar, corrigir, condenar e castigar, e não importa quanto tentamos ser "construtivos" a respeito disso, o efeito ou resultado é quase sempre "puxar para baixo". Mas com um esforço consciente e com a prática, podemos superar nossas tendências de caranguejo e dar a nossos filhos os impulsos freqüentes de apoio e confiança que farão com que sejam capazes e fortes para subir até atingir seu potencial máximo.

A NATUREZA DO ELOGIO
A Lei dos Caranguejos

◆

LEMBRE-SE DOS CARANGUEJOS.
SEJA TÃO DIFERENTE DELES QUANTO POSSÍVEL.
RESISTA AO INSTINTO DE CRITICAR.
CULTIVE O INSTINTO DE ELOGIAR.
DESPRENDA-SE DE SUA CARAPAÇA E CRESÇA.

◆

3

A Natureza da COMUNICAÇÃO

Um ano, em parte por causa do interesse do nosso filho adolescente Noah por biologia marinha e em parte pelo local por onde estávamos viajando para dar palestras naquele momento, toda a família Eyre ficou fascinada pelas baleias jubarte. Nosso primeiro encontro foi quando estávamos mergulhando na Ilha de Molokini, na costa de Maui. Eu (Richard) estava com dois de nossos filhos (incluindo Noah) e estávamos a dezoito metros da superfície, tranqüilos, observando os cardumes de peixes coloridos entre os corais. De repente ouvimos (e sentimos) o misterioso canto pulsante, ressonante, agudo, vibrante e harmônico das baleias. Era impossível saber onde elas estavam, quantas eram, ou a que distância estavam, mas o canto delas — e sua presença — era verdadeiramente impressionante.

Olhei para dentro da máscara de Noah para ver se ele estava com medo e vi, pelo contrário, olhos arre-

O LIVRO DA VALORIZAÇÃO DA FAMÍLIA
◆ ◆ ◆
Leis da natureza para enriquecer sua vida em FAMÍLIA

galados em uma expressão de maravilha e excitação. Ele ficou lá embaixo o tempo que nosso suprimento de ar permitiu, apenas ouvindo e sentindo-se estranhamente comovido pelos cantos. Havia uma honestidade, uma seriedade e uma forte beleza no som das baleias. Às vezes o som era muito alto e parecia ter uma infinidade de variações, não só no volume, mas também na emoção e no temperamento que transmitia. A experiência toda durou apenas quinze ou vinte minutos, mas nenhum de nós jamais a esquecerá. Havia uma verdadeira comunicação acontecendo lá — uma comunicação que transmitia todos os tipos de sentimentos.

No verão daquele mesmo ano, estávamos em um navio de cruzeiro no Alasca, onde apresentaríamos uma palestra. Um dia, enquanto estávamos no convés vendo o gelo azul de uma geleira mudar de direção e submergir no mar, alguém do outro lado do convés gritou: "Baleia!" O capitão desligou os motores e ficamos parados na água esperando. Mesmo aqueles que observavam baleias há anos disseram que nunca tinham visto um show como o que tivemos naquele dia. Cinco ou seis baleias jubarte enormes começaram a virar na superfície, pular para fora da água e brincar a uns cem metros do convés onde estávamos. A superfície tranquila explodia quando uma das gigantes de quinze metros de comprimento e cinquenta toneladas voava das profundezas e rodopiava totalmente fora da água antes de mergulhar de volta, criando ondulações que balançavam nosso pesado navio. Noah correu para um convés mais baixo para ficar o mais perto possível, e ele ficou realmente ensopado com a água de um dos saltos mais próximos de nós.

O biólogo que estava a bordo nos disse, mais tarde, que existem muitas teorias sobre a razão de as baleias jubarte saltarem para fora

A NATUREZA DA COMUNICAÇÃO
◆ ◆ ◆
A Lei das Baleias

da água. Alguns acham que isso remove as cracas encrostadas em suas laterais lisas. Mas a teoria mais aceita é a mais simples: elas fazem isso porque é divertido. Fazem para brincar e se exibir umas para as outras. O navio estava equipado com um microfone subaquático, então pudemos ouvir o canto delas, que, durante esse tipo de brincadeira, era alto, empolgado mesmo e quase constante. Parecia que elas estavam aplaudindo e aprovando as acrobacias das outras abaixo e acima da água.

É fácil identificar uma baleia jubarte específica, porque cada uma delas tem um desenho branco e preto completamente único em sua cauda — o rabo enorme, reto e perpendicular ao corpo que elas viram e batem para vir à tona e respirar. Usando as impressões digitais na cauda para identificá-las, os biólogos determinaram quanto elas são fiéis e comprometidas com o seu próprio "grupo" ou família, e como a maior parte de sua extensiva comunicação é entre os membros da família.

A comunicação permite que as baleias participem de um extraordinário trabalho em equipe — um tipo de sinergia entre elas que parece produzir um tipo de recreação social e o benefício prático de conseguir comida. Duas baleias jubarte da mesma família geralmente nadam pela água em uma espiral sincronizada, assoprando constantemente pelo respiradouro para criar um cilindro de bolhas chamado rede de bolhas. Os peixes pequenos e os plânctons ficam dentro da barricada de bolhas enquanto as duas baleias se viram e nadam para cima mais rápido do que as bolhas — subindo através do cilindro, com as enormes bocas abertas, comendo todos os peixes presos lá. A eficiência dessa técnica de "rede de bolhas" é uma das coisas que permite que uma baleia adulta coma uma tonelada e meia de alimento por dia.

O canto mais meigo, gentil e suave da baleia jubarte parece ser o que as mães cantam para guiar e encorajar seus filhotes. Os bebês da

O LIVRO DA VALORIZAÇÃO DA FAMÍLIA
◆ ◆ ◆
Leis da natureza para enriquecer sua vida em FAMÍLIA

jubarte nascem bem abaixo da superfície, e o primeiro desafio da nova mãe é levantar e empurrar seu novo filho (com o nariz) para a superfície, onde ele possa puxar seu primeiro sopro de ar. Aqueles que já assistiram a esse ato de cuidado dizem que jamais vão esquecer o canto da mãe que o acompanha — um canto de amor, orgulho e confiança.

Existe uma grande variedade de opiniões sobre esses animais pesados, e especialmente sobre seus cantos magníficos. Lemos diversas teorias e suposições e criamos algumas nossas. Descobrimos que as baleias jubarte podem se comunicar através de centenas de quilômetros no oceano, e que os grupos familiares ficam praticamente em constante comunicação — sabendo sempre o paradeiro e a condição umas das outras. Lemos que os cantos são mais intensos e continuados quando um membro da família está ferido ou em algum tipo de estresse ou perigo. Descobrimos que alguns biólogos acreditam que muitos de seus cantos servem para encorajar e dar às baleias mais jovens uma garantia constante de segurança, além de um sentimento de identidade e união com seu próprio grupo. E deduzimos que geralmente uma baleia canta por vez. As outras ouvem e só respondem quando a primeira termina. Se outro membro do grupo canta ao mesmo tempo, parece ser para formar uma harmonia, concordando e encorajando.

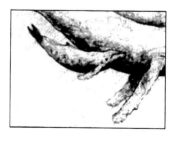

Então, o que é a Lei das Baleias? É, claro, a lição da comunicação constante, aberta e emocionalmente honesta. A comunicação real e comprometida da família evita muitos problemas potenciais e é a chave para resolver e solucionar os pro-

A NATUREZA DA COMUNICAÇÃO
♦ ♦ ♦
A Lei das Baleias

blemas que existem. A comunicação positiva na família é como uma porta aberta que *permite* que os valores sejam ensinados, que a alegria seja compartilhada, e que possamos lidar com os problemas. Quando a porta está fechada, a pressão aumenta e os indivíduos ficam isolados.

♦ ♦

Como as baleias, nossas famílias devem fazer um esforço quase constante pela comunicação. Os canais precisam estar sempre abertos para que o trabalho em equipe e a cooperação possam prosperar.

Como as baleias, grande parte dessa comunicação deve ser de aprovação, encorajamento e confiança.

Como as baleias, a comunicação precisa ser especialmente intensa e constante em tempos de estresse, perigo ou dificuldade.

Como as baleias, devemos ouvir um ao outro em vez de fazer fazer interrupções.

Como as baleias, nossa comunicação precisa envolver fidelidade e trabalho em equipe, para construir confiança e criar uma sinergia familiar verdadeira.

Como as baleias, nossa comunicação tem de se adaptar ao indivíduo. Cada filho é completamente único, assim como a cauda da baleia jubarte. Um filho pode precisar de uma comunicação firme e disciplinadora, enquanto outro precisa de uma abordagem bem mais suave.

Como as baleias, precisamos fazer com que nossa comunicação não seja um sermão, mas uma canção — uma canção de troca honesta e de respeito mútuo.

O LIVRO DA VALORIZAÇÃO DA FAMÍLIA
◆ ◆ ◆
Leis da natureza para enriquecer sua vida em FAMÍLIA

*A*ngela estava sentada no consultório de um terapeuta com sua filha de catorze anos, calada e claramente perturbada. "Sei o que é melhor para a minha filha, e ela não vai namorar até que as notas melhorem", disse a mãe ao terapeuta. "Os garotos só servem para distrair. Ela precisa fazer a lição de casa e tocar piano pelo menos duas horas por dia. Tudo que ela quer é ficar sentada assistindo TV e ficar com os amigos o tempo todo. Sei que ela não concorda, mas eu já passei por isso e, agora que sou adulta, sei mais do que ela sabe nesse momento."

O sábio terapeuta observou a aparência firme e rígida da mãe e o rosto aflito e desesperançado da filha sentada ao lado dela. "Seus princípios estão absolutamente corretos", disse ele, "mas eu me preocupo com a maneira como sua filha vê seus motivos e conclusões, que você acha que são baseados no melhor para ela..."

Interrompendo, e sem nem olhar, a mãe disse: "Sei o que ela pensa, mas ela está errada! Fazer o que é preciso é muito mais importante do que fazer o que ela quer. Ela simplesmente não entende que o que ela faz agora vai afetá-la para o resto da vida."

O terapeuta sorriu para a mãe convencida e abriu o jogo: "Angela, preocupa-me ver que você está criando espaço para a rebeldia e o fracasso! Se você minar a comunicação com a sua filha, recusando-se a realmente ouvir como ela se sente, a relação de vocês não irá a lugar algum. Enquanto os objetivos para a vida de sua filha forem seus e não dela, você será sua adversária, em vez de sua defensora. Existe um muro entre vocês duas agora, e somente uma boa escuta poderá derrubá-lo."

Surpresa, Angela percebeu a verdade no que havia sido dito. Ela olhou para sua filha, que estava com lágrimas escorrendo pelo rosto. Ela ouviu exatamente o que queria tanto falar para a mãe, mas nunca

A NATUREZA DA COMUNICAÇÃO
◆ ◆ ◆
A Lei das Baleias

tinha tido oportunidade. A mãe sentiu o coração da filha, e seu próprio coração amoleceu. Algo no rosto de sua filha fez Angela perceber que o que sua filha realmente precisava era de uma mãe, não de uma juíza... de uma conselheira que a ouvisse, não de uma ditadora. Sua filha precisava de alguém que confiasse nela e acreditasse em sua capacidade de estabelecer seus *próprios* objetivos e de pensar no seu próprio futuro.

Nos dias que se seguiram, Angela começou a ouvir mais e a falar menos. Quebrou a cabeça procurando idéias para derrubar o enorme muro que havia construído, para que pudesse começar a se comunicar com sua filha novamente. Ela começou a perguntar à filha quais eram os assuntos sobre os quais ela queria conversar — suas opiniões e esperanças, seus sonhos e objetivos. Sua filha começou gradualmente a se abrir. Como ela era muito artística, Angela sugeriu que fizesse um quadro colorido para colocar seus objetivos do ano nas áreas acadêmica, social e familiar.

Não foi um processo da noite para o dia, mas logo os objetivos da filha estavam de fato progredindo mais do que aqueles que Angela tinha tentado estipular para ela com mãos de ferro, apesar da forte resistência. Angela percebeu como a dinâmica havia mudado completamente. A iniciativa era diferente. Agora ela podia ser vista não como uma "gerente" agressiva, mas como uma consultora bem-vinda. Ela podia perguntar: "O que posso fazer para ajudar você com seus objetivos?" E ela adorava a expressão de determinação e de orgulho no rosto da filha quando ela falava sobre *seus* objetivos, *suas* esperanças, *seus* planos e *seus* sonhos.

*J*úlio tinha praticamente desistido dos seus esforços para se comunicar com sua filha de catorze anos. Ela era uma jovem extraordinária — aluna excepcional, ativa na música e no esporte e completamente integrada

O LIVRO DA VALORIZAÇÃO DA FAMÍLIA
◆ ◆ ◆
Leis da natureza para enriquecer sua vida em FAMÍLIA

à vida social no seu primeiro ano de ensino médio. Mas ela nem lhe dava bom dia. Agia como se tivesse vergonha do emprego de Júlio como operário e do pequeno apartamento deles, e era rude e sarcástica com seu pai, impaciente com suas perguntas, sem vontade de lhe contar qualquer coisa de sua vida ou de seus sentimentos. As perguntas que ele fazia sobre a escola, os amigos ou as atividades eram recebidas com objeções abruptas e impacientes, como "Bem", "Bom" ou "Não se preocupe".

Por algum tempo, Júlio assumiu que era apenas uma fase e passaria. Mas um dia percebeu que isso estava se repetindo há anos e que eles não tinham muito mais tempo antes de a filha sair de casa — tomara que para ir à faculdade. Ele decidiu que era melhor estabelecer prioridades e tentar fazer o necessário para ter o tipo de relacionamento que queria com sua filha — e que ele tinha esperanças de que os dois quisessem.

Quando ele se comprometeu com o objetivo de ter uma melhor comunicação, não pareceu tão impossível quanto antes. Ele tentou pensar em formas de melhorar, e, quando tinha uma idéia, a experimentava. Descobriu que sua filha respondia a bilhetes, então começou a escrever pequenas cartas com elogio e valorização sempre que notava ou ficava sabendo de algo que lhe dava orgulho. E encontrou tempo para levá-la a algumas aulas de música ou de voleibol durante a semana. Ele descobriu que ela gostava de um restaurante específico e não conseguia resistir quando ele a convidava para ir lá aos sábados. Quando estavam frente a frente durante o almoço, ela tratava suas perguntas menos como um interrogatório e começou a dar respostas mais informativas. Ela até lhe fazia uma ou duas perguntas.

Encorajado, um dia Júlio conseguiu que ela desse uma volta com ele depois da aula na escavadeira que ele operava na obra. Ela ficou impressionada. Ao dirigir para casa naquela noite, no momento em que

A NATUREZA DA COMUNICAÇÃO
◆ ◆ ◆
A Lei das Baleias

parecia certo, ele lhe disse quanto a amava, que precisava saber o que ela fazia, pensava e sentia, e que ele sempre tentaria compreendê-la. Júlio sentiu que houve uma abertura depois disso — como se sua filha tivesse percebido que ele não desistiria, então era melhor *ela* ceder e começar a conversar com ele como uma pessoa de verdade. Ela lhe contou algumas coisas que a preocupavam e, para a sua surpresa, ele ouviu em vez de julgar.

Durante as semanas seguintes, as coisas gradualmente ficaram melhores entre os dois. Ambos sentiram o nível de confiança aumentar. O amor natural, protetor e carinhoso entre pai e filha começou a se reafirmar e, embora ainda faltasse um longo caminho pela frente, Júlio sentiu que eles tinham conseguido dar os primeiros passos.

*U*m casal de amigos nossos teve um filho, Bruno, que nasceu com uma deficiência física grave e debilitante. Os médicos disseram que ele nunca seria capaz de ir à escola, e prognosticaram que o menino não viveria além de oito ou nove anos. Em uma cadeira de rodas que ele manipulava com apenas um dedo — a única parte do corpo que conseguia controlar —, e com oxigênio ligado aos fracos pulmões, esse menino corajoso superou todas as expectativas e se formou no ensino médio. Durante esse tempo, Bruno fez tantos amigos que, quando sua pouca energia finalmente desapareceu e ele morreu com vinte e dois anos, seu funeral lotou de jovens o cemitério da cidade.

Ao sermos consolados, ouvíamos os elogios dos amigos, um atrás do outro, e nos ocorreu que todos eles estavam dizendo essencialmente a mesma coisa. Cada um deles achava que era o melhor amigo de Bruno. Todos eles adoravam visitá-lo em sua casa, embora tudo que Bruno

O LIVRO DA VALORIZAÇÃO DA FAMÍLIA
♦ ♦ ♦
Leis da natureza para enriquecer sua vida em FAMÍLIA

pudesse fazer era ficar deitado e escutar, usando somente sua voz fraca e alterada para dizer "Legal" ou para fazer outra pergunta sobre eles.

Um colega disse: "Quando você estava com Bruno, ele estava com você! Ele se interessava totalmente por tudo que você dizia. Era como se você fosse a pessoa mais importante do mundo. Ele ouvia com toda a atenção. Era quase como se dissesse: 'Bem, eu não tenho vida própria, mas tudo bem, vou viver a sua com você'."

O essencial era que todos amavam Bruno porque ele os ouvia. As pessoas queriam ficar perto dele porque seu interesse fazia com que se sentissem valorizadas e importantes. Não temos muita certeza sobre onde ou como ele aprendeu isso tão bem, mas Bruno sabia (e vivia) a Lei das Baleias.

O mais importante é isso: ouvir é a chave da comunicação e, sem canais abertos de comunicação, sem a Lei das Baleias, a família nunca se tornará o local de aprendizagem, crescimento e confiança que deve ser. Então, os pais devem insistir nisso. Faça o que for necessário para estabelecer a comunicação, para restaurá-la, para mantê-la. Discuta a Lei das Baleias com eles. Pergunte onde a comunicação da família está falhando e por quê.

♦ ♦

Uma mãe percebeu que os únicos dois momentos em que ela conseguia manter uma conversa com sua filha de treze anos eram durante uma longa viagem ou bem tarde da noite. Em vez de se lamentar e aceitar o fato de que essas eram suas duas únicas opções e que nenhuma delas era conveniente, ela começou a fazer as duas coisas com mais freqüência. Ela se oferecia para levar a filha para visitar uma amiga que havia se mudado para o subúrbio, a quarenta

A NATUREZA DA COMUNICAÇÃO
◆ ◆ ◆
A Lei das Baleias

e cinco minutos de distância e do outro lado da cidade. E, às vezes, ela levava a filha ao cinema à noite no fim de semana, apenas para poder ter a comunicação de fim de noite, que só acontecia depois da meia-noite. Sua atitude era fazer "Seja lá o que for preciso".

Um pai divorciado, que só via seus dois filhos a cada quinze dias, tinha preenchido seus dias com as crianças com tantas atividades que percebeu que não havia muito tempo para conversar. Ele recuou um pouco e tentou ficar mais tempo comendo ou dirigindo com os filhos, ou indo a lugares mais calmos e tranqüilos, como parques ou zoológicos, o que os levou a conversar mais. Ele também descobriu que trabalhar ou fazer projetos com os filhos — desde consertar algo no carro a fazer uma nova casa de cachorro juntos — parecia motivar uma comunicação livre e espontânea.

Uma família simplesmente decidiu eliminar a televisão. Eles se livraram dos três aparelhos que tinham e, depois de um período sofrido e queixoso de adaptação, os membros da família começaram a se comunicar mais. Outra família fez metade disso — eles desligavam a TV durante a semana à noite para deixar mais tempo para a lição de casa e para as conversas. Uma outra família permitia somente uma hora de TV (ou videogame, ou Internet) por noite.

Um pai, apesar de passar bastante tempo com a filha de nove anos, sentiu que a comunicação entre eles raramente passava do superficial. Eles conversavam sobre a escola e sobre outras atividades, mas raramente conversavam sobre sentimentos. Para tentar mudar isso, ele começou a usar conscientemente o verbo "sentir" com mais freqüência, tanto em seus comentários como em suas perguntas. Ele dizia a ela como se sentia a respeito das coisas e perguntava: "Como você se sente com isso?"

Ele também tentou colocar sua filha na cama à noite com mais freqüência e, antes de sair do quarto, ele pedia que ela contasse o que foi "feliz" no dia e também o que foi "triste". Isso geralmente a ajudava a se abrir sobre seus sentimentos, e ele muitas vezes saía dessas sessões de "boa noite" com novos *insights* sobre sua filha e seu dia-a-dia.

Uma mãe que não gostava do efeito que a "tecnologia" tinha sobre sua relação e sua comunicação com os filhos adolescentes — eles estavam sempre no computador ou jogando jogos eletrônicos — simplesmente decidiu que, se não podia vencê-los, se juntaria a eles. Do andar de cima, com seu laptop, ela mandava e-mails ou mensagens instantâneas para os filhos, que estavam no andar de baixo, na sala de jogos, usando o computador. Ela também comprou, para cada um deles, um celular para que pudesse encontrá-los quando necessário, monitorar onde estavam depois da aula e se certificar de que chegariam em casa no horário combinado à noite. Ela até se convidava para entrar nas salas de bate-papo com os filhos periodicamente e se envolvia com eles em alguns dos jogos on-line.

Os garotos adquiriram um novo tipo de respeito e de comunicação com ela. Ela não tentou se tornar colega, amiguinha ou melhor amiga deles — ela permaneceu sendo mãe, mas uma mãe mais esperta e antenada. A tecnologia passou de inimiga para aliada.

A NATUREZA DA COMUNICAÇÃO
❖ ❖ ❖
A Lei das Baleias

Um pai separou um sábado a cada duas semanas para ser a "Manhã do Amigo", na qual ele e o filho faziam algum passeio só os dois. O pai podia ter idéias ou fazer sugestões, mas a escolha (desde que racional) de onde iriam e do que fariam era do menino. Eles tentavam sair razoavelmente cedo, para que nenhum dos dois se sentisse apressado ou pressionado, e o pai deixava o filho escolher os assuntos para conversar, assim como o destino do passeio. Eles até mantinham uma "Agenda do Amigo", onde incluíam uma lembrança de todas as vezes que saíam juntos, como um graveto de uma caminhada ou um canudinho do café da manhã no McDonald's. Anos depois, o menino poderia folhear aquela agenda e relembrar de onde tinha vindo cada item e o que eles tinham feito juntos naquele dia.

Uma mãe, que estava tentando ensinar sua filha de nove anos a programar seu tempo, descobriu que o processo podia trazer benefícios à comunicação. Ela comprou para a filha uma agenda, e a garota ficou maravilhada porque a mãe achava que ela tinha idade suficiente para usar um livro tão adulto. A mãe, por sua vez, ficou orgulhosa de ver o esforço de sua filha para anotar todas as atividades na agenda, e seu orgulho e aprovação encorajavam a filha a dizer o que estava escrevendo na agenda.

Toda semana, as anotações e os planos que ela escrevia se tornavam o assunto de uma conversa significativa sobre as coisas que estavam na cabeça da filha. Se ela escrevia "Prova de História" com grandes estrelas em volta na quinta de manhã, ficava mais natural para a mãe conversar sobre a prova e ajudá-la a estudar. Se ela escrevia alguma coisa sobre conhecer uma amiga nova ou sobre um problema com uma amiga antiga, ficava mais fácil (e proveitoso) perguntar sobre as amigas e os relacionamentos. Essencialmente, a mãe descobriu que, quando a filha tomava a iniciativa de escrever algo que era importante, ela podia elogiar a menina pela iniciativa e podia conversar com ela como uma conselheira prestativa e interessada, e não como uma "ditadora" agressiva e controladora.

Nossa família

Ninguém nega a importância da comunicação bem-sucedida e aberta dentro de uma família. Quase nenhum pequeno problema se tornaria um grande problema se houvesse mais comunicação. Menos filhos se sentiriam sozinhos e mal compreendidos; menos pais se sentiriam tão impotentes para compreender ou ajudar seus filhos; menos irmãos teriam relacionamentos baseados somente na rivalidade. Como tantas outras coisas, a comunicação melhora e aumenta simplesmente por nos concentrarmos nela. Pensar nas baleias jubarte pode ajudar você a conseguir isso!

A NATUREZA DA COMUNICAÇÃO
A Lei das Baleias

> *O Que Aprendemos com as Baleias*
>
> As baleias jubarte, as maiores criaturas na Terra
> e com o maior cérebro,
> cantam belas canções sob a água umas para as outras.
> As famílias de baleias são chamadas de "grupos",
> e a maioria das canções parece ser entre
> os membros de um grupo.
> Elas usam seus sons para encorajar uma à outra
> ou para avisar o grupo do perigo,
> e elas geralmente cantam enquanto brincam juntas.
> A coisa mais impressionante é que elas
> quase nunca são interrompidas.
> Quando uma baleia está cantando,
> as outras escutam!
> Vamos nos lembrar das baleias e tentar ser
> mais parecidos com elas dentro da nossa família.

**LEMBRE-SE DAS BALEIAS.
MODIFIQUE A COMUNICAÇÃO DA SUA FAMÍLIA
E A TRANSFORME EM UMA CANÇÃO
DE ENCORAJAMENTO E DE ESCUTA.**

A Natureza da COERÊNCIA

Já afirmamos que "A Tartaruga e o Coelho" é nossa fábula de Ésopo predileta. Quase todas as pessoas conhecem a história, mas poucas conhecem os detalhes e, por isso, têm dificuldade em acreditar que uma tartaruga lenta e vagarosa pudesse realmente vencer um coelho rápido e ligeiro.

Aqui vai nossa versão da história real:

A corrida era longa, bem longa, e o exato destino final não era conhecido por nenhum dos participantes. Foi dada a eles a direção da linha de chegada e todos foram instruídos para observar as placas e indicações no caminho. O coelho partiu depressa, mas não prestava atenção às placas e se perdia em longos desvios. Ele

O LIVRO DA VALORIZAÇÃO DA FAMÍLIA
♦ ♦ ♦
Leis da natureza para enriquecer sua vida em FAMÍLIA

também freqüentemente se distraía quando via muitas "cenouras" perto do caminho e com os aplausos dos espectadores que admiravam a maciez de seu pêlo. Ele estava com muita pressa para conversar ou construir relacionamentos. Ele percorria uma grande distância todos os dias e estava muito cansado quando acordava de manhã.

A tartaruga se movia devagar e tentava observar tudo no caminho. Ela tinha o hábito de começar cedo todas as manhãs e de prestar atenção nas placas. Embora ela só caminhasse lentamente, sua percepção e sua capacidade de antecipar e olhar adiante lhe deram uma qualidade interessante, que ela chamava de "a velocidade de ir devagar". Ela tinha regras confiáveis, um programa montado e um ritmo previsível. Havia uma certa estabilidade nela. Devido ao seu estilo ponderado e calmo, a tartaruga tinha tempo de visitar outros animais no caminho, e muitos deles se tornaram seus amigos e contaram a ela sobre os atalhos ou as estradas melhores. Certa vez ela soube de um atalho através de uma enseada, e um membro da família, uma tartaruga marinha, a rebocou.

Outros gostavam de caminhar ao lado da tartaruga. Seu ritmo lento e estável era tranqüilo e agradável, e sempre parecia que ela tinha bastante tempo para conversar com qualquer um que quisesse andar com ela. A tartaruga se interessava por eles. Fazia muitas perguntas àqueles que se juntavam a ela, e parecia respeitá-los e respeitar suas idéias.

Alguns tentaram desencorajá-la, dizendo que o coelho já havia passado há muito tempo e avisando a tartaruga que era tarde demais, que ela já tinha perdido. Ela aceitava os comentários com um sorriso sábio e consciente e simplesmente continuava caminhando.

A NATUREZA DA COERÊNCIA
◆ ◆ ◆
A Lei da Tartaruga

Bem, todo mundo sabe que a tartaruga venceu. Mas o que as pessoas não costumam compreender é quanto ela se divertiu durante o processo e quanto ela aproveitou a corrida. Ela sempre tinha certeza do percurso, ficava sempre contente com seu progresso lento e estável, e adorava encontrar placas, fazer amigos e conseguir ajuda no caminho. O coelho, por outro lado, estava perdido o tempo todo. Ele parecia vistoso e elegante, mas estava sempre com pressa e nunca tinha certeza do caminho que deveria seguir. Era excêntrico e, às vezes, não conseguia decidir quanto a corrida era importante para ele, ou se era realmente a melhor corrida na qual ele gostaria de estar.

Se os filhos são a corrida, nossa, como eles apreciam e recompensam o pai estável, paciente e coerente. As recompensas e os pagamentos não são sempre imediatos, mas, com o passar do tempo, durante o curso da corrida, os pais que se mantêm firmes, que se lembram da prioridade da linha de chegada dos filhos e que constroem uma vida coerente e confiável para eles sempre ganham no final.

Os pais com a atitude da tartaruga — que sabem que a corrida é longa e que o progresso é gradual — também tendem a desenvolver a calma e a confiança que transmitem segurança aos filhos. Pais assim apreciam a corrida ou o processo, e aprendem que a coerência e a estabilidade previsível são mais importantes para os filhos do que o "jeitinho" rápido.

O LIVRO DA VALORIZAÇÃO DA FAMÍLIA
◆ ◆ ◆
Leis da natureza para enriquecer sua vida em FAMÍLIA

Alguns pais-coelho se desviam por diversas rotas e ficam tão atordoados que pensam que o caminho da carreira é mais importante que a estrada da família. Eles entram na corrida errada e começam a achar que a família está ali para servir e apoiar o emprego, e não o contrário. Eles são apanhados pelo desejo de ganhar a aprovação dos outros e ficam distraídos demais com as "cenouras" das melhores casas, carros, títulos, roupas e status.

Os pais-tartaruga, por outro lado, embora tenham consciência das exigências e da importância do trabalho e da carreira, ainda tentam julgar todos os caminhos para ver se eles os levam para mais perto da linha de chegada de crianças bem ajustadas e de uma família feliz. Eles constroem a coerência e a confiança por meio de pequenas coisas, como fazer refeições juntos, ir à igreja juntos, manter tradições ou fazer passeios juntos, contar histórias e fazer orações na hora de dormir. Às vezes eles encontram atalhos, como férias em família, que permitem bastante "tempo para conversar" sem pressa, ou passeios de carro com mais um membro da família onde é possível existir bastante comunicação e muitas chances de aprofundar o relacionamento.

Não falta, para os pais-tartaruga, ambição, paixão ou espontaneidade, e eles certamente não precisam ser inflexíveis ou rígidos. Na verdade, o tipo de pai que conhece o destino, e sabe que vai levar muito tempo para chegar lá, pode de fato relaxar e aproveitar a jornada. Eles têm a antiga sabedoria, que sabe que haverá altos e baixos, mas que também sabe que, enquanto estiverem seguindo em frente, o tempo estará a favor deles. Com certos padrões previ-

A NATUREZA DA COERÊNCIA
♦ ♦ ♦
A Lei da Tartaruga

síveis em seus lugares, parece realmente menos perigoso se arriscar e experimentar algo novo de vez em quando.

A Lei da Tartaruga é a coerência calma e estável que pode envolver os filhos no cobertor quentinho da previsibilidade tranqüila. Não importa quanto a vida fique fria ou aleatória fora de casa, existem certas coisas básicas e consistentes com as quais eles sempre podem contar dentro de casa: um certo sentido de preocupação, alguns rituais de família confiáveis, um padrão recorrente de ordem e de horários, e uma quantidade ilimitada de amor incondicional.

Uma casa assim é um lugar mais calmo, mais seguro e mais atraente do que o mundo caótico e geralmente confuso em que nossos filhos habitam na escola e no ambiente social fora de casa. Os pais-tartaruga tendem a criar um ambiente tranqüilo e confortável com tradições e com um ritmo propositadamente lento, para permitir que se converse livremente e que se escute de maneira descontraída.

♦ ♦

Como a tartaruga, devemos acordar todos os dias e perseverar, percebendo que não é a nossa velocidade ou o nosso brilho que vai nos fazer alcançar nosso objetivo, mas a nossa coerência; não nossa *capacidade*, mas nossa *disponibilidade*.

Como a tartaruga, precisamos entender que a corrida é longa e que existirão muitas pequenas vitórias e derrotas no caminho — com as quais podemos aprender.

O LIVRO DA VALORIZAÇÃO DA FAMÍLIA
◆ ◆ ◆
Leis da natureza para enriquecer sua vida em FAMÍLIA

Como a tartaruga, devemos montar programações e padrões que organizem nossa casa. Devemos procurar e apreciar os atalhos ocasionais e espontâneos, mas devemos evitar os grandes desvios que nos afastam da verdadeira estrada, que leva à linha de chegada de uma família forte.

Como a tartaruga, nunca devemos estar com pressa demais para ouvir, para notar, para compartilhar.

Como a tartaruga, devemos procurar conselhos e ajuda e ser flexíveis o suficiente para mudar nossa direção quando virmos um caminho melhor.

Como a tartaruga, devemos ter rituais regulares e confiáveis e tradições adequadas onde os outros — especialmente nossos filhos — possam encontrar segurança e identidade.

*A*s tradições dos aniversários sempre foram fortes na nossa casa. Existem certas coisas malucas que sempre fazemos em família no aniversário de uma pessoa em particular. Como o meu aniversário (Richard) é em outubro, nossos filhos mais velhos, quando eram novos, insistiam em sair e juntar pilhas enormes das folhas do outono e depois pular loucamente sobre elas, jogá-las entre si, enterrar alguém com elas, enfiá-las no pescoço dos outros e qualquer outra coisa que conseguissem imaginar.

Eu achei que essa tradição específica fosse desaparecer quando as crianças ficassem mais velhas, mas, durante todo o ensino médio, elas a mantiveram viva em todos os aniversários — agora com os amigos partici-

A NATUREZA DA COERÊNCIA
◆ ◆ ◆
A Lei da Tartaruga

pando junto, e mudando o local para o parque, onde havia folhas suficientes para uma verdadeira festa!

Finalmente percebi, certo outono, a força das tradições familiares quando nossos três filhos mais velhos já tinham saído de casa. Um estava na faculdade e os outros dois estavam na Europa Oriental, fazendo trabalhos missionários e sendo voluntários em orfanatos. Um dia antes do meu aniversário, recebi três cartas. Desconfiei que eram cartões de aniversário e as coloquei sobre minha mesa para abrir no dia seguinte. No dia do meu aniversário, depois de pular nas folhas com os filhos mais novos, peguei o primeiro envelope. Quando o abri, uma folha romena caiu, com um bilhete de uma das filhas dizendo que me amava e que honraria nossa tradição familiar em um parque em Bucareste. A segunda carta continha mais folhas, desta vez da Bulgária. A terceira continha uma folha do campus da universidade do nosso filho.

Em lágrimas, comecei a entender que os pequenos rituais e tradições que estabelecemos na nossa família são mais do que diversão e jogos — são a cola que mantém as famílias unidas, e a fonte de uma ligação e de uma identidade que nossos filhos nunca querem perder.

*U*ma mulher, que chamaremos de Joana, foi à igreja, certo domingo, com o coração apertado. Ela sentia que havia fracassado totalmente como mãe. Seu divórcio tinha afetado cada um de seus filhos de maneira diferente. Ela não tinha notícias do filho de dezenove anos há três meses, e finalmente ele havia ligado naquela manhã. Mas a ligação foi de um presídio municipal no sul da Califórnia, onde ele estava detido por dirigir alcoolizado e por desordem. "Eu não estava bêbado", protestou ele ao telefone, "só um pouco alto". O propósito da ligação era pedir para a mãe ir lá e pagar a fiança. Ela tinha ido à igreja para decidir o que fazer e para pedir perdão a Deus por seu total fracasso como mãe.

Coincidentemente (será?) o sermão foi sobre a eternidade. O pastor falou sobre como a vida é longa e sobre quantas coisas o tempo pode curar. E logo acrescentou que a eternidade é bem mais longa, então imagine o que pode ser curado lá. "Para aqueles que acreditam no tempo e na eternidade, não há fracasso enquanto não desistirmos", disse ele, "e prometo a vocês, com certeza, que, nesse sistema projetado por Deus, se vocês nunca desistirem, no fim das contas vencerão como pais".

Joan passou o resto daquele domingo na igreja, arrependendo-se e pedindo perdão a Deus — não por seu "fracasso" como mãe, e, sim, por pensar em desistir. E ela tomou uma decisão simples, que a transformou em uma mulher diferente quando saiu da igreja, comparada a quando entrou: que nunca desistiria, que nunca, na vida ou na eternidade, largaria seu papel de mãe. As coisas não estavam bem, mas o tempo infinito estava a seu favor.

Aprenda a Lei da Tartaruga. Mantenha sua atenção no objetivo de longo prazo de transformar os filhos em adultos felizes e funcionais e de manter os laços da família para ficarem cada vez mais fortes com o tempo.

◆ ◆ ◆ ◆ ◆ ◆ ◆ ◆ ◆ ◆ ◆ ◆ ◆ ◆ ◆ ◆ ◆ ◆ ◆ ◆

Um pai percebeu quanto as tensões e o estresse que ele trazia do escritório para casa afetavam os filhos. Era como se eles captassem suas vibrações estressantes e ficassem agitados e difíceis de lidar só

A NATUREZA DA COERÊNCIA
◆ ◆ ◆
A Lei da Tartaruga

por estarem perto dele. O pai, então, adotou uma nova tática de ficar sentado quieto no carro alguns minutos depois de entrar na garagem e antes de ir para dentro da casa. Ele relaxava, meditava e conscientemente tentava se desvincular das preocupações e do estresse do escritório.

Depois ele fazia mais uma coisa. Visualizava que estava entrando em um pequeno caos. Sua esposa podia estar deprimida, mas ele estaria receptivo, solidário e encorajador. Seus filhos podiam estar chorando ou brigando, mas ele seria calmo e interessado no que fizeram naquele dia. Nem sempre as coisas aconteciam como ele visualizava, mas pelo menos ele entrava calmo e preparado e não deixava as coisas piores. "E", disse ele, "quando você imagina e antecipa a pior situação, geralmente as coisas não são tão ruins, e você se sente bem".

Uma família refeita, multicultural, estava empregando muito esforço para que todos "dançassem a mesma música". O pai, da raça negra, e seus dois filhos adolescentes tinham um conjunto de tradições, hábitos e até comidas preferidas, e a mãe, latina, e seu filho de nove anos tinham um conjunto completamente diferente. Quando eles começaram a morar juntos, a mãe e o pai acharam que o melhor método era cada um se afastar de sua própria cultura e se misturar no centro, mais genérico. Depois perceberam que não precisavam de menos tradições familiares, mas de mais.

Como os dois trabalhavam e tinham mais ou menos o mesmo tempo em casa, eles montaram um sistema em que cada um seria o

O LIVRO DA VALORIZAÇÃO DA FAMÍLIA
◆ ◆ ◆
Leis da natureza para enriquecer sua vida em FAMÍLIA

"gerente-geral da casa" em meses alternados. Um mês, a mãe cuidava da casa e das refeições de acordo com seus gostos e tradições. O pai participava, mas, como ele não estava no comando, tinha um pouco mais de tempo para seu trabalho e para interesses externos. No mês seguinte eles trocavam, e o pai assumia o comando da casa. Os filhos entraram no clima e gostaram da variedade e do espírito da coisa. No processo, cada um se aproximou de uma cultura diferente da deles e desenvolveu um novo grupo de amigos e de perspectivas.

Uma mãe, percebendo cada vez mais a importância e a identidade trazida pelos padrões e pela coerência familiares, queria enfatizar mais as tradições e os rituais que a família já tinha. Ela criou um "livro de tradições da família" com algumas coisas escritas sobre os rituais — desde o que eles faziam no aniversário de cada filho e no Natal até o que faziam toda semana no jantar de domingo. Para que as crianças se envolvessem, ela pediu aos filhos de sete e de nove anos que desenhassem uma figura que "ilustrasse" cada tradição.

Um pai que ficava em casa, e era o principal responsável por cuidar de seus três filhos, estava incomodado por sempre ter tantas coisas a fazer — muito mais, parecia, do que o trabalho de sua esposa. Ela deixava para ele listas de coisas a fazer, além de todas as coisas de que as crianças precisavam, e ele se via correndo de uma coisa para a outra e tendo pouco tempo para ficar de fato com as crianças. (Seu filho mais novo tinha acabado de reclamar: "Pai,

A NATUREZA DA COERÊNCIA
◆ ◆ ◆
A Lei da Tartaruga

você está sempre tão ocupado!") Finalmente, o pai decidiu que precisava fazer uma mudança. Parte de seus esforços foi colocar duas citações anônimas na parede da cozinha. Uma dizia: "Um homem ocupado não pode ser sábio, e um homem sábio não será ocupado". A outra dizia: "Nunca escolha o urgente em vez do importante".

Um casal foi convencido há anos de que, se pudessem simplesmente jantar todas as noites com seus filhos de seis, oito e doze anos, isso daria a eles a proximidade e a comunicação que sentiam que faltava. Mas se um deles não tinha de trabalhar até tarde, o outro tinha. E, se por milagre os dois chegavam cedo em casa e buscavam os filhos nas suas atividades depois da escola, era noite ou de futebol ou de aulas de piano.

Eles finalmente perceberam que os únicos momentos que realmente podiam controlar eram logo cedo de manhã e tarde da noite. Então, eles começaram a reunir as crianças para ler juntos por cinco ou dez minutos antes de o mais novo ir dormir, e descobriram que eles conseguiam fazer isso três ou quatro vezes por semana com a participação de todos os filhos e de pelo menos um dos pais (a filha de doze anos participava se ela pudesse ser a leitora). Essa pequena estrutura fazia todos irem para a cama um pouco mais cedo, então eles fizeram um segundo acordo. Eles tentaram tirar todo mundo da cama alguns minutos mais cedo para tomar café juntos. Após algumas semanas de batalha, isso realmente começou a acontecer quase todas as manhãs, e algumas das conversas que eles tinham sonhado para o jantar começaram a ocorrer no café da manhã.

O LIVRO DA VALORIZAÇÃO DA FAMÍLIA
◆ ◆ ◆
Leis da natureza para enriquecer sua vida em FAMÍLIA

Um casal divorciado, com guarda compartilhada dos dois filhos em idade escolar, ouviu de um psicólogo que os padrões e as expectativas totalmente diferentes nas duas casas estava tendo um efeito de confusão e desintegração sobre as crianças. Como o amor pelos filhos era a única coisa em que concordavam e pela qual se uniam, eles se reuniram com os filhos e o psicólogo, e as crianças escolheram as coisas de que mais gostavam em cada casa (para a surpresa de todos, elas gostavam das coisas mais previsíveis e estruturadas que cada um dos pais fazia — como o café da manhã da mãe às sete horas em ponto ou a insistência do pai para que a lição fosse feita logo depois da aula). A mãe e o pai concordaram que certas coisas aconteceriam de maneira coerente, não importando em que casa as crianças estivessem.

Um pai, que tinha um ritual de jogar golfe todo sábado de manhã com seus amigos, estava recebendo cada vez mais pressão por parte da esposa para passar os sábados com as duas filhas em vez de ir jogar. Eles negociaram e entraram em acordo. Ele jogaria mais cedo e voltaria às duas da tarde para a "Hora do papai". As meninas planejavam o que queriam fazer, e ele estava à disposição delas. Conforme os anos foram passando, a "Hora do papai" se tornou algo permanente e fornecia o tempo, o lugar e a regularidade para ele estar envolvido de maneira consistente com a vida das filhas.

Um avô, cuja neta de dez anos tinha meio período de aulas às sextas-feiras, disse aos pais da menina que gostaria de buscá-la na esco-

A NATUREZA DA COERÊNCIA
◆ ◆ ◆
A Lei da Tartaruga

la ao meio-dia às sextas e cuidar dela até as três e meia, quando a mãe voltava do trabalho. As três horas e meia se tornaram valiosas para os dois. Eles iam a vários lugares ou trabalhavam juntos nos projetos de carpintaria dele. Como seu avô não tinha mais nada programado a não ser ficar com ela, a neta achava o momento relaxante e sentia uma tranqüilidade acolhedora e cheia de cuidados, pela qual ansiava toda semana.

Uma mãe solteira decidiu que sua maior incoerência era sua mudança de expectativas em relação aos filhos, inclusive a disciplina irregular que usava com eles. Se ela estava de bom humor, eles se safavam de quase tudo e, se estava estressada ou ansiosa, gritava com eles e os colocava de castigo por quase nada. Durante as semanas seguintes, ela e as crianças tiveram diversas "reuniões sobre as regras da casa", onde elaboraram quais seriam as regras coerentes e contínuas, e qual seria a punição por quebrar cada uma delas.

Nossa família

O LIVRO DA VALORIZAÇÃO DA FAMÍLIA

Leis da natureza para enriquecer sua vida em FAMÍLIA

O Que Aprendemos com a Tartaruga

A razão pela qual a tartaruga ganhou a corrida foi sua coerência. Ela acordava todos os dias e simplesmente continuava a caminhar, enquanto o coelho ficava se distraindo e colocando outras coisas em primeiro lugar em vez de se concentrar na corrida.
A tartaruga fazia algumas coisas todos os dias — tradições que a faziam seguir em frente.
Como ela não estava com pressa, tinha tempo para conversar com as pessoas e fazer amigos. Como ela sabia o que era realmente importante, estava calma, flexível e relaxada, então nada a incomodava muito.
Podemos ser como as tartarugas na nossa família simplesmente trabalhando todos os dias para deixar nossa família melhor e amar mais um ao outro. Podemos ter tradições, hábitos e padrões familiares com que todos concordem e que todos apreciem. Podemos tentar ficar tranqüilos como a tartaruga, e sempre ter tempo um para o outro.
É assim que podemos vencer como uma família que dura.

A NATUREZA DA COERÊNCIA
A Lei da Tartaruga

Os pais não podem planejar, prever e programar tudo, e aqueles que tentam fazer isso acabam enlouquecendo. As programações funcionam durante algum tempo, mas nossos filhos são tão ocupados e cheios de atividades quanto nós, e até mesmo nossas tradições mais estimadas às vezes são postas de lado pelas necessidades e pelas circunstâncias do momento. Mas a Lei da Tartaruga diz para continuarmos tentando, colocando a família em primeiro lugar, estando presentes para os filhos, trabalhando para tudo dar certo. Afinal, nossos filhos nos amam não porque sempre nos saímos bem ou porque fazemos tudo certo. Eles nos amam porque nunca desistimos deles nem da família que estamos tentando construir. A verdadeira recompensa é pelo esforço!

♦

LEMBRE-SE DA LEI DA TARTARUGA.
SEJA UM PAI ESTÁVEL E DE CONFIANÇA.
ESTABELEÇA OS HORÁRIOS, OS HÁBITOS
E AS TRADIÇÕES QUE DÃO AOS FILHOS O CONFORTO
DA COERÊNCIA E QUE ASSEGURAM
UM BOM FINAL NA LONGA CORRIDA
DE EDUCAR OS FILHOS.

♦

5

A Natureza da
DISCIPLINA

Existe um zoológico que fica a pouco mais de um quilômetro de nossa casa. Para dizer a verdade, nós dizemos às visitas como chegar em nossa casa falando: "Vá até passar o zoológico". (Quando todos os nossos filhos ainda moravam em casa, costumávamos acrescentar: "Na verdade, nós fazemos parte do zoológico".)

Os elefantes sempre foram a atração principal para os nossos filhos e seus amigos, que pareciam incessantemente entretidos não só com o tamanho deles, mas também com a incrível e única combinação de braço/nariz/mão/canudinho/corneta/torre de radar chamada "tromba".

Nossa fascinação adulta pelos elefantes e suas trombas não havia começado até que pudemos observar os elefantes africanos em seu habitat, em Serengeti e

O LIVRO DA VALORIZAÇÃO DA FAMÍLIA
◆ ◆ ◆
Leis da natureza para enriquecer sua vida em FAMÍLIA

Masai Mara, no Quênia. Lá, em vez de serem criaturas lentas, atrapalhadas e sonolentas como no zoológico, eles eram rápidos, ágeis e alerta, erguiam suas trombas no alto para sentir o faro, corriam pela mata a cinqüenta quilômetros por hora e mudavam de direção em um segundo se algo inesperado aparecesse no caminho.

Quando conseguimos nos aproximar deles devagar e com cuidado, no sentido a favor do vento, tivemos uma visão totalmente nova — especialmente sobre como os pais elefantes usam essas incríveis trombas com seus filhotes. A tromba da mãe é um delicado chuveiro para o banho do bebê e um pulverizador de talco para aplicar a fina poeira africana depois. É uma corneta aguda de aviso se o bebê estiver se afastando da linha ou correndo perigo e é uma corda forte que bloqueia a passagem do bebê para os lugares aonde os pais não querem que ele vá.

Pesquisando um pouco, descobrimos, mais tarde, que a tromba do elefante é um instrumento tão complexo e intricado que são necessários cinqüenta mil músculos diferentes para controlá-la. Engenheiros de automação e peritos em robótica tentaram, em vão, construir um braço mecânico com a mesma força e destreza. A tromba é surpreendentemente delicada ao toque quando a mãe elefante acaricia e afaga seu bebê, mas também é incrivelmente forte quando pega, sem esforço, uma tora de duzentos quilos que está no caminho do bebê e a joga de lado. É difícil imaginar algo na natureza que seja tão forte, tão delicado, tão versátil e tão flexível.

Se ao menos nosso amor pelos nossos filhos pudesse ter todas essas mesmas qualidades: firmeza e flexibilidade, força e sensibilidade, resis-

A NATUREZA DA DISCIPLINA
♦ ♦ ♦
A Lei da Tromba do Elefante

tência e delicadeza, disciplina e prudência, dureza e doçura, restrição e libertação, intervenção e independência.

O amor sem disciplina pode ser perigoso e prejudicial. O amor aplicado sem sabedoria, que dá muitas coisas que a criança não conquistou, pode estragar os filhos, roubar sua iniciativa e dar a eles falsas perspectivas de como o mundo funciona. Imagine uma família em que os filhos têm tudo que querem — dinheiro sempre que pedem, mais roupas do que precisam, seu próprio carro quando fazem dezoito anos, nenhuma responsabilidade com a casa, nenhuma disciplina digna de nota, pais que pagam a fiança quando eles se metem em confusão. Não é difícil prever os efeitos desse tipo de "mimo".

No outro extremo, o amor dos pais que é exigente e duro demais não parece amor. Pais que tentam expressar seu amor principalmente por meio de regras duras e irredutíveis e expectativas muito altas podem roubar a alegria e a ternura das relações familiares. Imagine uma família que funciona por meio de punições, em que os filhos estão sempre de castigo, existem regras para tudo, os horários são inflexíveis, os filhos precisam ganhar cada centavo que gastam, e não há ajuda para a faculdade embora os pais possam pagar. Novamente, é fácil prever alguns dos resultados de tanta "rigidez".

A Lei da Tromba do Elefante é o delicado equilíbrio entre o "amor rígido" e o "amor terno". É adotar os melhores aspectos de

O LIVRO DA VALORIZAÇÃO DA FAMÍLIA
◆ ◆ ◆
Leis da natureza para enriquecer sua vida em FAMÍLIA

cada extremo. Os filhos precisam, sim, de disciplina, de horários, de expectativas claras e de responsabilidades com a família. Mas eles também precisam de tolerância, de ternura e de ajuda sem restrições.

◆ ◆

Como   a tromba do elefante, nosso amor precisa acariciar nossos filhos e abraçá-los todos os dias.

Como   a tromba do elefante, nosso amor precisa determinar limites claros sobre aonde eles podem ir e o que podem fazer.

Como   a tromba do elefante, nosso amor deve banhá-los em aprovação e polvilhá-los com confiança, mas também deve avisá-los do perigo em alto e bom som.

Como   a tromba do elefante, nosso amor deve remover as barreiras no caminho deles, mas deixá-los andar com seus próprios pés.

Como   a tromba do elefante, nosso amor deve ser versátil e flexível, capaz de ver as necessidades dos filhos e disposto a ser às vezes rígido e às vezes terno.

"Nada de bom acontece depois da meia-noite", argumentou um casal preocupado e consciente há alguns anos quando o mais velho dos três filhos entrou na adolescência. Eles disseram que "a grande maioria dos acidentes de carro, do excesso de bebidas alcoólicas e da promiscuidade sexual acontece depois da meia-noite". E assim como fizeram com o mais velho, eles disseram aos outros filhos que entraram nessa fase que o "toque de recolher" deles não tinha nada a ver com confiança, e,

A NATUREZA DA DISCIPLINA
♦ ♦ ♦
A Lei da Tromba do Elefante

sim, com segurança. Eles explicaram que as ações dos *outros* poderiam colocá-los em perigo. Com alguma reclamação, os filhos concordaram que pelo menos por enquanto a badalada da meia-noite seria o momento mágico do fim de semana em que deveriam estar dentro de casa sãos e salvos.

Ainda assim, pela terceira vez consecutiva, o mais velho dos três, Toni, de quinze anos, havia perdido o horário, e parecia não estar arrependido, tendo sido até um pouco agressivo quando sua mãe o questionou. "Por que você se preocupa tanto?", perguntou ele. "Nenhum dos meus amigos tem horário para chegar! Por que você sempre precisa saber para onde vou? Pare de ser tão superprotetora. Estou sufocado! Deixe-me viver minha vida!"

As desculpas que Toni usou para quebrar uma lei familiar foram muito fracas. A primeira vez foi perdoável. A segunda vez, os pais acharam que ele ficaria com tanta vergonha do que fez que não aconteceria de novo. Mas a terceira vez exigiu uma ação.

À meia-noite e quarenta, o pai de Toni começou a ligar para as casas dos amigos do filho, apesar da vergonha da mãe, que o imaginava acordando várias famílias. Por meio de uma rede de investigações, ligações, famílias incomodadas ou não, o pai descobriu onde o filho pródigo estava.

Eles encontraram Toni jogando videogame na casa de um amigo, à uma e quinze da manhã. Em sua mente adolescente, ele tinha achado que, se fosse bem tarde, seus pais dormiriam e não perceberiam que ele não estava em casa. Mas ficou aterrorizado quando os pais entraram subitamente em casa no quarto do amigo para buscá-lo. De início, já em casa, havia mágoa e palavras ásperas, mas seus pais insistiram em conversar até que as coisas estivessem acertadas — a noite toda, se fosse necessário. Toni finalmente cedeu e lhes disse que ele se sentia controlado sem necessidade e privado de seu livre arbítrio. E sua mãe explicou exatamente como um pai se sente, não só quando um filho não presta contas, mas também quando quebra um compromisso com a família.

Às três horas da manhã, todos os sentimentos estavam em pratos limpos. Embora muitas coisas tenham sido ditas precipitada e defensivamente, no final Toni sentiu a profundidade da preocupação dos seus pais e compreendeu que o pai e a mãe não estavam criando fronteiras para deixar sua vida infeliz ou porque quisessem ter poder sobre ele, ou mesmo porque quisessem ir dormir em vez de se preocupar com o rapaz (embora eles tenham admitido que isso também fazia parte). O principal motivo deles era o amor pelo filho e o desejo que ele estivesse seguro em todos os sentidos. Quando Toni realmente entendeu isso, sentiu-se amado e valorizado.

Anos depois, casado e com uma filhinha, Toni ainda se lembra claramente daquela noite e diz que foi uma das melhores coisas que os pais fizeram por ele. Embora ele nunca fosse admitir isso com quinze anos, ele queria ser freado. Isso provou que seus pais realmente o amavam. Ele até admite que a noite em que foi arrancado da casa do amigo por um pai furioso e uma mãe preocupada foi o começo de um novo relacionamento. Daquele momento em diante, Toni e seus dois irmãos mais novos sabiam que uma lei da família era uma lei da família. Ele adorava saber que seu pai o amava tanto que estava disposto a fazer qualquer coisa para lhe transmitir a importância de um compromisso. Ele mal pode esperar para ser o mesmo tipo de pai.

A NATUREZA DA DISCIPLINA
◆ ◆ ◆
A Lei da Tromba do Elefante

Uma das coisas mais inspiradoras que se pode ver nesse mundo é um pai que, por total força de vontade, quebra um padrão de comportamento destrutivo que vinha acontecendo há muitas gerações e inicia um comportamento paternal mais positivo e respeitador, que será levado para as gerações futuras.

Temos uma amiga, atualmente solteira e com três filhos, que foi física e verbalmente abusada pelo pai e pela mãe durante a infância, assim como eles foram abusados pelos seus pais. Ela é uma mulher grande e meio áspera, características que permitem que ela seja altamente eficiente em seu emprego de supervisora de fábrica. Ainda assim, com seus filhos, ela é um ótimo exemplo de ternura e paciência.

Essa amiga nos disse que o mau exemplo de seus pais motivou sua decisão de ser o oposto com seus próprios filhos. Muitos pais já fizeram esse tipo de promessa, mas eles caem nos mesmos padrões de seus pais. Contudo, essa mãe deu um passo além de prometer ser diferente. Ela, na verdade, arrumou tempo para escrever uma *descrição* cuidadosa e bem pensada do tipo de mãe que queria ser. Ela não incluiu o que não queria ser ou os erros que seus pais cometeram que ela queria evitar. Nossa amiga simplesmente definiu e descreveu, completamente pelo lado positivo, o tipo de mãe carinhosa, cuidadosa, calma e controlada que queria ser. Ela lê essa descrição, e, às vezes, acrescenta ou modifica algumas coisas, quase toda semana. Isso penetrou em seu inconsciente e influencia a maneira como ela responde aos seus filhos e como os trata.

O LIVRO DA VALORIZAÇÃO DA FAMÍLIA
◆ ◆ ◆
Leis da natureza para enriquecer sua vida em FAMÍLIA

*E*m nossa família, muito do nosso processo de aprendizagem girou em torno das tentativas e erros da tromba do elefante. Uma vez nos sentamos com nossos primeiros três filhos e tentamos determinar as leis da família por meio de um processo democrático. Entre nós cinco, listamos e confirmamos cerca de trinta e cinco leis que variavam de "nunca bater em outras meninas" a "não ponha nada na tomada". Nem é preciso dizer que essas "regras" eram pouco lembradas e irregularmente executadas.

Levamos anos para pensar em como simplificá-las. Por fim, acabamos com apenas quatro leis de uma palavra:

1. Paz
2. Respeito
3. Ordem
4. Pedir

As penalidades começaram a ser eficientes somente quando ficaram tão simples quanto as leis:

1. Ficar de castigo juntos até que peçam desculpas um ao outro.
2. Começar novamente e falar com respeito.
3. Se seu quarto estiver muito bagunçado, você não pode sair de casa até que o arrume.
4. Da próxima vez, você não pode ir.

Com respeito ao "toque de recolher", por diversos anos seguidos tivemos quatro ou cinco adolescentes em casa, e a principal lição que aprendemos foi equilibrar a firmeza e a flexibilidade. Houve momentos em que eles tiveram problemas fora do seu alcance para chegar no horário.

A NATUREZA DA DISCIPLINA
♦ ♦ ♦
A Lei da Tromba do Elefante

Relações importantes estavam sendo discutidas, os bailes da escola tinham atividades posteriores que duravam mais do que o esperado, e, às vezes, os carros quebravam ou as caronas não apareciam. Houve até momentos em que os vídeos não tinham acabado e, como nosso filho era a "carona", ele ou ela ligava para explicar que precisava de mais alguns minutos.

Quando a era do telefone celular finalmente chegou, ficou bem mais fácil manter contato. Geralmente, uma ligação à meia-noite em ponto dizendo: "Vou me atrasar um pouco porque..." era tudo de que precisávamos. Aprendemos que precisa haver um "sentido textual da lei" antes de se ver o espírito da lei — que o momento da firmeza e o momento da flexibilidade são bastante óbvios quando todos se esforçam ao máximo para amar e compreender um ao outro.

Não só com os horários, mas com todas as decisões de disciplina em relação a nossos filhos, nosso maior desafio é lembrar a nós mesmos e aos nossos filhos de que a dureza e a ternura fazem parte da mesma tromba.

Uma nota sobre a ironia da vida: A única vez em que eu (Linda) me lembro de ter pegado no sono antes de um dos meus filhos chegar no fim de semana foi quando ele e seus amigos estavam em um carro, sendo perseguidos, por toda a cidade, por rapazes de uma gangue, que estavam armados. Verdade. Quando ele chegou em casa, às duas da manhã, mais assustado do que nunca, seus pais dormiam como bebês.

Aprenda a Lei da Tromba do Elefante. Entenda que o amor que é exigente demais pode nos separar emocionalmente dos nossos filhos, assim como o amor que é tolerante demais. Encontre o equilíbrio. Perceba que os filhos precisam e respondem tanto à disciplina quanto à bondade, mas que muito de uma delas sem o suficiente da outra pode afastá-los.

Outra bela imagem dos elefantes africanos livres é a primeira vez em que o bebê usa sua própria tromba — para alcançar e agarrar o rabo de sua mãe para poder seguir seus passos. Os filhos aprendem a usar suas "trombas" pelo nosso exemplo. Se queremos que uma criança se torne um adulto que possui tanto força quanto sensibilidade, então precisamos ter certeza de que nosso exemplo, especialmente na forma como tratamos essa criança, tenha o equilíbrio certo entre a firmeza e a ternura.

As duas coisas não são como posições opostas de um interruptor. Não temos que constantemente escolher entre elas e desligar a ternura sempre que ligarmos a firmeza. Elas, na verdade, acentuam uma à outra e podem se misturar, assim como o calor escaldante e o frio cortante se combinam em um confortável mornaço. Nossa rigidez pode ser terna quando explicamos por que uma regra deve ser obedecida ou uma responsabilidade cumprida. E nossa ternura pode ser rígida quando dizemos: "Agora chega" e esperamos que uma criança adequadamente consolada supere isso e siga em frente. É a firmeza que nos permite ser ternos sem mimar os filhos, e é a ternura que nos permite disciplinar e ser exigentes com eles sem desencorajá-los.

♦ ♦ ♦ ♦ ♦ ♦ ♦ ♦ ♦ ♦ ♦ ♦ ♦ ♦ ♦ ♦

Uma mãe, quando seus gêmeos começaram a andar, percebeu como as necessidades de cada um podem ser diferentes com respei-

A NATUREZA DA DISCIPLINA
♦ ♦ ♦
A Lei da Tromba do Elefante

to à disciplina. Um dos meninos, extremamente sensível e de bom coração, não precisava de — e não conseguia suportar — qualquer coisa além de um olhar rígido dela. O outro gêmeo, mais agressivo e teimoso, não respondia a nada até que fosse duramente mandado para o castigo.

A mãe resolveu tentar sempre vê-los como indivíduos, em vez de como um par e, enquanto tentava ser coerente, adequava sua disciplina às naturezas e personalidades deles.

Um casal, com três filhos em idade escolar, decidiu perguntar a eles que punições deveriam ser impostas para várias infrações — desde machucar um ao outro, não colocar a roupa no cesto até não pedir permissão antes de ir a algum lugar. Para surpresa deles, as crianças vieram com punições mais severas do que as que os pais dariam: "de castigo por uma semana", "sem mesada", e até mesmo "coloque-nos no quarto por uma semana a pão e água". Os pais criaram penalidades mais moderadas *com* as crianças e se sentiram mais autorizados a impor as regras da família.

Uma mãe solteira leu um estudo sobre o fato de que a maioria dos filhos que perdem todo o contato com os pais e se tornam estranhos a eles vem de um dos dois tipos de pais:

1. O tipo "tanto faz", que deixa que os filhos tenham o que bem quiserem e não sabem ou não se preocupam com o que é. ("Faça o que quiser, tanto faz, eu vou estar fora mesmo.")

2. O tipo "exigente demais". ("Não quero saber qual é o problema do seu amigo, você não vai sair dessa casa enquanto seu quarto não estiver arrumado e a lição feita.")

Ao pensar nisso, essa mãe percebeu que estava perigosamente perto do segundo extremo. Ela estava tentando ser pai e mãe ao ser muito restritiva. Ocorreu-lhe que um quarto arrumado realmente não é tão importante quanto ajudar um amigo com problemas — que "Diga como se sente a respeito disso e então eu lhe digo como me sinto" faz mais sentido do que dizer: "Está de castigo". Ela chegou a decidir que às vezes "A louça pode esperar enquanto você se diverte" pode ser uma política aceitável.

Um pai pegou sua filha fazendo uma travessura, o que não era incomum. Mas, em sua irritação, e quando ela olhou para ele, o pai viu um traço de medo em seus olhos. Aflito por ela sentir medo dele, acabou fazendo um esforço consciente durante as semanas seguintes para cuidar do lado terno da relação. Ele começou a abraçá-la mais e, sempre que a levava para a cama, lhe dava a escolha entre dois "aconchegos" diferentes: "Você quer o aconchego da princesa ou o aconchego animado?" Embora os nomes fossem diferentes a cada noite, todos os aconchegos incluíam uma maneira elaborada de carinho e de colocar as cobertas sobre ela, que a deixava quentinha e a fazia rir. O pai descobriu que esses "momentos de ternura" mudaram a maneira como ele via a filha e diminuíram o número de vezes em que ele ficava irritado ou chateado com ela.

A NATUREZA DA DISCIPLINA
❖ ❖ ❖
A Lei da Tromba do Elefante

Uma mãe solteira continuava tentando que seu obstinado filho de sete anos a obedecesse, enquanto a criança parecia estar cada vez mais rebelde. Ela finalmente percebeu que, como eram os dois únicos membros da família, estavam tendo uma luta clássica de poder — uma batalha entre desejos que ninguém venceria. Ela concluiu que o princípio que queria ensinar ao filho não era o da obediência submissa a *ela*, mas o da obediência à *lei*.

Durante as semanas seguintes, ela conversou com o menino sobre as leis e por que elas eram importantes: leis do trânsito, leis criminais, e assim por diante. Quando sentiu que o momento era oportuno, ela criou o conceito das leis da família: "Se temos leis de trânsito para nos proteger e nos ajudar para que tudo corra melhor, você acha que podemos pensar juntos em algumas leis da família que possam fazer a mesma coisa?" Quando eles desenvolveram e concordaram com algumas regras simples e básicas, e uma conseqüência para cada uma, caso fosse quebrada, houve uma mudança psicológica sutil. Não se tratava de poder, de quem era maior ou mais forte, ou de quem tinha de obedecer a quem. Tratava-se de leis com as quais eles concordaram, leis que desenvolveram juntos para o bem mútuo.

Um casal parecia não chegar a um equilíbrio entre sua ternura e sua rigidez. A mãe concentrou sua filosofia na "confiança terna" e o pai na "disciplina exigente". O pai achava que a mãe era permissiva demais e calma com os filhos, e a mãe, é claro, achava que o pai era rígido e firme demais. Ela era toda amor e brandura. Ele era todo regras e responsabilidade. Um dia eles foram procurar um ca-

O LIVRO DA VALORIZAÇÃO DA FAMÍLIA
◆ ◆ ◆
Leis da natureza para enriquecer sua vida em FAMÍLIA

chorrinho (a mãe achava que os filhos deveriam ter um; o pai disse que só se seguissem algumas regras). Eles foram a um canil que tinha ótima reputação de ter cachorros bem treinados e bem-educados, e, ao mesmo tempo, brincalhões e divertidos. Impressionados com os cachorros que encontraram lá, a mãe e o pai perguntaram ao dono do canil como ele tinha conseguido esse equilíbrio de qualidades. Tranqüilo, o dono disse: "Tenha uma cerca alta, mas tenha bastante espaço, bastante liberdade e muita diversão *dentro* da cerca".

Os pais pensaram no canil como uma metáfora para o tipo de lar que queriam ter, um que incorporasse *tanto* as cercas das regras firmes e dos limites claros a que o pai era tão inclinado *quanto* a liberdade e a flexibilidade que a mãe queria que os filhos tivessem.

Uma família teve uma longa conversa sobre a expressão "Por quê" durante uma viagem que fizeram juntos. A opinião do pai era que as crianças não deveriam poder perguntar "Por quê" porque isso nunca tinha fim; seja lá o que ele respondesse, elas simplesmente perguntavam "Por quê?" para a resposta também. As crianças afirmaram que as pessoas deviam ter uma razão para as coisas — até mesmo os pais — e que as crianças deviam ter o direito de saber qual era a razão. Eles finalmente concordaram que as crianças poderiam perguntar "Por quê" *uma vez*, e que a mãe e o pai tentariam dar uma resposta *completa*, e ponto final.

Uma família muito tradicional e conservadora tinha um provérbio bíblico emoldurado e colocado na parede: "Reprovar às vezes

A NATUREZA DA DISCIPLINA
◆ ◆ ◆
A Lei da Tromba do Elefante

com severidade, mas, depois, demonstrar uma abundância de amor, faz com que ele não o veja como inimigo". Eles achavam que isso se aplicava particularmente às relações entre pais e filhos e que os lembrava de ter certeza de que sua disciplina ou correção nunca deixava dúvidas na cabeça dos filhos a respeito do amor por eles.

O efeito e a aplicação disso foi ilustrado uma noite, quando um filho fez um comentário sarcástico e insultante à mãe, e o pai interveio imediatamente, de forma rígida. Ele pegou o menino firmemente pelos ombros, o fez olhar em seus olhos e disse: "Você *nunca mais* vai falar com a minha esposa assim!"

O menino, que provavelmente tinha dez ou onze anos, ficou com os olhos cheios de lágrimas e seu queixo começou a tremer. "Desculpa", ele murmurou.

O pai, ainda firme e exigindo olhos nos olhos, disse: "Você precisa pedir desculpas para a sua mãe, não para mim".

O menino pediu desculpas à mãe, e seu pai, seguindo o conselho bíblico na parede, puxou o filho, deu-lhe um forte abraço e disse: "Certo, filho, sei que você ama sua mãe. E você sabe que eu amo minha esposa, e amo *você* demais para deixá-lo falar com ela daquele jeito."

Ele o abraçou por um bom tempo — mais do que o tempo que o segurou pelos ombros — e a mãe se aproximou e entrou no abraço também. Ela disse: "Eu amo você, filho, e sei que você me ama. Tenho certeza de que, quando você for pai, vai querer que seus filhos respeitem sua esposa também."

O LIVRO DA VALORIZAÇÃO DA FAMÍLIA
◆ ◆ ◆
Leis da natureza para enriquecer sua vida em FAMÍLIA

Uma avó ficou com a tarefa de criar um menino de dez anos quando seu pai, que tinha a custódia dele, morreu em um acidente de carro. Ela logo percebeu que o maior problema do menino, fora ter perdido o pai, era que antes ele tinha tudo que queria. O pai não tinha muito tempo para o filho e tentava compensar isso com presentes e aprovando o filho em tudo que ele quisesse fazer. O desafio da avó era aplicar ternura e simpatia enquanto ela e o menino compartilhavam o luto pela perda de seu pai, mas também tentar ensinar ao menino a autodisciplina e a autoconfiança que ele ainda não havia aprendido.

Quando ela conheceu melhor o neto, percebeu quanto ele era brilhante e conceitual e que ele estava em uma idade em que conseguia compreender as duas necessidades que ele tinha. Eles conversaram francamente sobre o luto e sobre como poderiam se ajudar a passar por isso. Também conversaram sobre a nova vida juntos e sobre as responsabilidades que o menino deveria assumir. Ele gostou da honestidade dela, e o equilíbrio entre a ternura e a rigidez começou a funcionar para ambos.

Uma família aprendeu as lições sobre a ternura e a rigidez com seus avós. A mãe da esposa era um exemplo típico de firmeza. Quando os netos estavam em sua casa, ela deixava bem claro quais eram as regras e que ela esperava que eles as obedecessem. Mesmo dentro dessa estrutura firme, ela era carinhosa e terna com seus adorados netos. O pai do marido, por outro lado, parecia começar pelo lado da ternura. Ele adorava segurar as crianças, contar histó-

A NATUREZA DA DISCIPLINA
◆ ◆ ◆
A Lei da Tromba do Elefante

rias, sussurrar segredos, cortar suas pequenas unhas das mãos e dos pés, mas, dentro dessa atmosfera de docilidade, ele era firme ao corrigi-los quando precisava.

Era como se um dissesse: "Sou firme e isso permite que eu seja flexível", enquanto o outro dizia: "Sou flexível e isso permite que eu seja firme". O marido e a esposa concluíram que você pode começar com sua natureza predominante, seja rígida ou terna, e depois acrescentar a outra qualidade para criar o equilíbrio.

Nossa família

O LIVRO DA VALORIZAÇÃO DA FAMÍLIA
♦ ♦ ♦
Leis da natureza para enriquecer sua vida em FAMÍLIA

O Que Aprendemos com a Tromba do Elefante

♦

A tromba da mãe elefante é tão terna que ela a usa
para fazer carinho nos bebês, para dar banho, para afastar
cuidadosamente pequenas vespas ou mutucas das costas do bebê.
Mas sua tromba é tão forte que pode remover grandes rochas e
toras do caminho e parar os bebês
se estiverem correndo perigo. Se realmente amamos
alguém, especialmente um filho, devemos ser ternos e
compreensivos, mas também muito firmes com
o que é certo e errado.

Os elefantes bebês seguem o exemplo dos pais e
aprendem rapidamente a usar suas trombas de maneira muito suave
e muito forte também.

Em nossa família, vamos nos esforçar para ser gentis e ternos
uns com os outros, mas realmente rígidos ao manter as regras
e fazer o que é certo.

O essencial parece ser que a rigidez e a ternura podem e devem nascer do amor. Quando isso acontece, elas se tornam coordenadas e

A NATUREZA DA DISCIPLINA
♦ ♦ ♦
A Lei da Tromba do Elefante

complementares. Quando demonstramos franca e honestamente nosso amor pelos filhos através da ternura, tudo bem! E quando demonstramos franca e honestamente nosso amor através da rigidez, tudo bem. O importante é *unir* os dois lados, um ao outro, com clareza, e uni-los ao amor genuíno e incondicional.

♦

LEMBRE-SE DA LEI DA TROMBA DO ELEFANTE.
DIGA A SEUS FILHOS QUANTO VOCÊ OS AMA
E EXPLIQUE QUE, POR CAUSA DESSE AMOR,
VOCÊ PRECISA TER CERTEZA DE QUE ELES FAZEM O
QUE É CERTO, DE QUE ELES SEGUEM AS REGRAS
E DE QUE ELES ESTÃO SEGUROS.

♦

6

A Natureza da SEGURANÇA

A LEI das SEQUÓIAS

Andar por uma floresta de sequóias é como entrar em uma catedral. Os imponentes galhos elevados filtram a luz do sol como um vitral, e o tamanho e a retidão dos altos troncos vermelhos e ásperos inspiram respeito e reverência, o que faz com que você queira se mover devagar e suavemente.

Nossa filha mais velha, o marido e os dois filhos moram no norte da Califórnia e adoram andar nos bosques de sequóias que ficam a pouca distância de carro da casa deles. Sempre que vamos lá visitar nossos netos (e seus pais), o bosque de sequóias, com sua majestade e serenidade, vive na lista dos lugares aonde eles querem nos levar.

Antes de termos essa ligação pessoal, se alguém dissesse "sequóia", nós provavelmente pensaríamos primeiro em uma varanda ou em um deck — construídos com a

O LIVRO DA VALORIZAÇÃO DA FAMÍLIA
◆ ◆ ◆
Leis da natureza para enriquecer sua vida em FAMÍLIA

madeira da sequóia por causa de suas propriedades exclusivas, que fazem com que ela não entorte ou apodreça. Entretanto, hoje em dia, quando alguém diz "sequóia", imaginamos estar entre essas árvores imponentes com nossos netos. As sequóias gigantes são realmente enormes — o espécime mais alto encontrado na natureza tem mais de noventa metros de altura —, como um campo de futebol americano de extensão e são grossas o suficiente para acomodar, em seu tronco, um túnel pelo qual pode passar um carro. Você achou que a baleia jubarte era grande com cinqüenta toneladas? Uma sequóia adulta pesa quarenta vezes isso — mais de duas mil toneladas!

No entanto, mais surpreendente que a largura das sequóias ou sua altura, é por quanto tempo elas resistem e o fato de que, apesar dos grandes galhos ao vento e das raízes bem rasas, elas se mantêm firmes nas tempestades mais fortes e nos maiores vendavais. O segredo é simples: as sequóias crescem juntas em bosques e entrelaçam suas raízes. Assim, as raízes de uma árvore são as raízes de todas as árvores do mesmo bosque, entrelaçadas sob o solo e capazes de segurar cada uma delas, não importa o vendaval que atinja suas copas.

Você não vê sequóias curvadas. As árvores menores, mesmo aquelas com mais estrutura na raiz e menos massa para ser atingida pelo vento, às vezes assumem uma "postura do vento", ficando inclinadas e curvadas para se acomodar à brisa prevalecente. As sequóias, no entanto, com suas raízes entrelaçadas, crescem retas e altas. Elas são paralelas entre si e perpendiculares ao solo.

A NATUREZA DA SEGURANÇA
◆ ◆ ◆
A Lei das Sequóias

Talvez a resistência natural da sequóia ao apodrecimento seja por causa da força, da retidão e da longevidade das árvores, que são atribuídas ao fato de crescerem em bosques e unirem suas raízes.

A Lei das Sequóias é o apoio intrafamiliar mútuo, a expressão aberta do amor, a proximidade emocional consistente e a identidade moral e bem-sucedida compartilhada. As famílias que crescem juntas e permanecem juntas, apreciando e entrelaçando suas raízes, mantendo uma harmonia paralela entre si e uma distância perpendicular do materialismo puro, alcançam objetivos elevados, sobrevivem àquelas provações com força de vendaval e ficam livres do apodrecimento que nasce da imoralidade.

Nós cultivamos nosso bosque familiar simplesmente ficando juntos e fazendo coisas juntos. Entrelaçamos nossas raízes apoiando um ao outro, conhecendo e mantendo contato com toda a família, com os amigos especiais da família ou com os padrinhos, e possuindo e honrando rituais e tradições familiares.

Também é de grande ajuda para os filhos se eles souberem um pouco sobre suas raízes genealógicas — seus ancestrais —, para que possam tirar força e identidade daqueles que existiram antes — aqueles que nos deram não apenas nossos nomes e nossa herança pessoal, mas nossos genes. É difícil saber para onde vamos se não soubermos de onde viemos. Os filhos que aprendem sobre suas raízes ancestrais têm muito mais força de reserva, um apoio sob a superfície e um sistema de identidade que aumenta sua auto-imagem e dá a eles uma confiança interna e um senso de valores e de moral que se baseia em de onde e de quem eles vieram. Pode ser que nem tudo sobre nossos bisavós seja enriquecedor ou honrado, mas podemos *escolher* as histórias que contamos e os ancestrais em quem nos concentramos.

Crianças adotadas, enteados, ou filhos de famílias refeitas devem aprender que *seus* ancestrais agora também são deles. Quando receberam você, receberam também sua árvore genealógica inteira. Essas crianças podem até mesmo compreender que têm a bênção de dois "sistemas de raízes" — a sua *e* a raiz cultural genética e original deles.

Vivemos em uma era móvel, em uma sociedade transitória, em que as raízes geográficas ou "ser de algum lugar" parece significar menos do que costumava. Mas nossas raízes genealógicas, e saber o suficiente sobre nossos ancestrais para ter uma ligação com eles, podem nos dar um senso de estabilidade em um mundo instável. Dito de outra forma, as "raízes de lugar" da maioria das pessoas não são profundas como já foram. Frases como: "As raízes da família foram plantadas na comunidade" não funcionariam com muitas famílias hoje em dia. À luz de nossa transitoriedade, nossas raízes culturais, ancestrais e familiares são mais importantes do que nunca porque servem como mecanismo de suporte para um amplo entrelaçamento e podem ajudar uma criança a saber quem ela é moral e espiritualmente, bem como fisicamente.

A NATUREZA DA SEGURANÇA
◆ ◆ ◆
A Lei das Sequóias

◆ ◆

Como as sequóias, devemos crescer juntos e próximos uns dos outros.

Como as sequóias, devemos nos abraçar fisicamente.

Como as sequóias, devemos segurar firme uns nos outros emocional e espiritualmente, e unir nossos destinos.

Como as sequóias, devemos conhecer nossas raízes, apreciar sua força e suas interligações, e compreender que podemos retirar segurança e identidade delas.

Como as sequóias, devemos nos manter firmes e retos por nossos filhos e transmitir a eles nossa identidade em comum, com respeito e orgulho.

Como as sequóias, devemos "florescer onde fomos plantados", ser gratos por nossa herança e cultura em vez de desejar a de alguém, e perceber as bênçãos do local onde nossas raízes estão, em vez de querer mudar para outro lugar.

*N*ós moramos na Inglaterra por um tempo e, como nossa herança e genealogia é quase toda britânica e sueca, aproveitamos a proximidade e fizemos excursões para as regiões onde nossos ancestrais viveram por gerações. Esperávamos que fosse uma experiência interessante, mas foi mais que isso. Foi uma aventura emocional!

Encontramos a velha escola na área rural ao sul da Suécia da qual o tataravô de nossos filhos tinha sido diretor. Embora ela agora seja a casa de veraneio de alguém, algumas das antigas carteiras e quadros-de-

O LIVRO DA VALORIZAÇÃO DA FAMÍLIA
◆ ◆ ◆
Leis da natureza para enriquecer sua vida em FAMÍLIA

giz ainda estavam lá. Nossos filhos sentaram nas carteiras, e contamos a eles histórias sobre o velho diretor Swen Swenson, que havia ensinado tantas crianças naquela sala e que, com sua esposa Tilda, tinha criado coragem suficiente e espírito de aventura para emigrar com sua família para a América, cruzando o oceano. Andamos pela antiga floresta cheia de musgo atrás da escola e olhamos para as árvores imponentes, que obviamente eram menores quando Swen e Tilda andavam pela mesma floresta.

Mais tarde, naquele mesmo verão, fomos para Lincolnshire, na Inglaterra, onde outro tataravô, James Eyre, havia conhecido seu amor, Ann, antes de emigrarem para a América. Achamos registros da família em uma antiga paróquia que mostrava que o pai de James se chamava "Hare", e não Eyre, e aprendemos com o velho sacristão que as pessoas de Lincolnshire não pronunciam o H, portanto, os fazendeiros analfabetos, ao falarem seus nomes para os funcionários do censo, provavelmente diziam "Air, com pronúncia Ere", que era registrado como "Eyre", como em Jane Eyre. (Incidentalmente, antes dessa descoberta, achávamos que nossa descendência vinha do sir George Truelove, que, na Batalha de Hastings, em 1066, salvou William, o Conquistador, do sufocamento ao arrancar a viseira de sua armadura que estava danificada e o impedia de respirar. Como forma de gratidão, William rebatizou George como "Eyre" — "Porque me destes o eyre [que se pronuncia como *air* – ar] que eu respiro".)

Apesar da considerável depreciação da nobreza de nosso sobrenome, essas foram aventuras que nossos filhos nunca esquecerão. Eles andaram pelos caminhos de seus tataravós. Souberam de algumas coisas de suas personalidades e de sua coragem. Fizemos um livro particular da família com textos e fotos e o chamamos de "Eyres ingleses e Swensons suecos", e ele se tornou um tesouro da família.

A NATUREZA DA SEGURANÇA
◆ ◆ ◆
A Lei das Sequóias

As famílias não precisam ir para a Inglaterra e para a Suécia para realizar as mesmas descobertas sobre a identidade de seus ancestrais. Algumas fotos antigas da família, mapas de lugares relacionados e histórias de antigos diários ou escritos podem ser a matéria-prima para criar uma rica herança de toda a família, que pode ensinar aos filhos tanto quem são quanto de onde vieram.

A época em que fui mais infeliz foi quando eu estava com doze anos. Eu (Linda) tinha pais maravilhosos... embora não fossem tradicionais. Minha mãe, que se casou pela primeira vez com trinta e oito anos, e meu pai, que perdeu uma esposa por causa de um câncer e se casou com minha mãe com cinqüenta e dois anos, eram pais maravilhosos, que nos davam muito carinho e cuidado. Meu irmão adotivo, minha irmã e eu éramos o centro de suas vidas, e sabíamos disso. Mas meu problema é que eu não tinha amigos.

Por ser extremamente tímida e usar um feio par de óculos de gato na cor salmão, eu achava muito difícil ir para a escola. O pior eram aqueles estúpidos bailes em que a presença era obrigatória! Eu me misturava às flores da parede e tentava não ser notada. Como eu odiava ficar sentada sozinha durante aquelas horríveis horas. Finalmente, na véspera de mais um baile, fiquei tão preocupada que tomei a decisão de contar o problema para a minha mãe.

Embora só perceba agora, por também ser mãe, sei que minha mãe deve ter sentido uma facada no coração quando contei a história da minha infelicidade. Ela disse com uma voz muito calma e factual: "Linda, quando você for ao baile amanhã, quero que você experimente

O LIVRO DA VALORIZAÇÃO DA FAMÍLIA
◆ ◆ ◆
Leis da natureza para enriquecer sua vida em FAMÍLIA

uma coisa que aprendi quando era garota. Quando você entrar no baile, procure alguém que esteja se sentindo pior do que você. Haverá alguém, eu prometo. Simplesmente encontre essa pessoa, pense em algumas perguntas para iniciar uma conversa, e vá lá! Prometa que você vai tentar!" Eu finalmente prometi, depois que ela me contou sobre ter feito uma amizade assim, certa vez.

Eu gostei da idéia da minha mãe, embora ainda achasse que eu tinha uma idéia melhor — que era simplesmente não ir. Mas eu fui ao baile mensal obrigatório da sétima série apavorada e certa de que nunca encontraria alguém mais infeliz do que eu. Mesmo assim, quando examinei o local, com certeza lá estava ela. A idéia de conversar com aquela menina quase me tirou o ar. Ela era praticamente uma exilada social. Tinha um problema de pele de aparência terrível, além de cabelo e roupas totalmente fora de moda. "Como posso falar com ela?", pensei. Todos os outros saberão com certeza que sou uma idiota também! Mas eu prometi para a minha mãe, e ela me disse que já havia feito a mesma coisa! Respirei fundo, pensei em algumas perguntas, e me forcei a me sentar ao seu lado e começar a conversar. Foi o começo de uma das melhores experiências de aprendizagem — e de uma das melhores amizades — da minha vida.

Essa ruptura se tornou parte da sedução de nossa família e parte da motivação para o eterno esforço para tirar nossos filhos de sua zona de conforto — não só quando não estão se sentindo confiantes, mas todos os dias.

Há muitos anos começamos a ter o que chamamos de "conferência" na porta de casa um pouco antes de as crianças irem para a escola. Abraçados uns aos outros, ao estilo dos jogadores de futebol americano, rezamos juntos uma oração simples pedindo segurança e a capacidade de encontrar alguém, ao longo do dia, que precise de nossa ajuda e que

A NATUREZA DA SEGURANÇA
◆ ◆ ◆
A Lei das Sequóias

possamos fazer algo a respeito. Fazemos isso em honra à vovó, que me ensinou esse princípio. Por causa dela, perceber as pessoas que precisam de auxílio se tornou uma tradição de família que ajuda nossos filhos a desligar suas mentes de suas próprias dúvidas e inseguranças.

Se os filhos sentem que estão unidos e protegidos por um sistema de raízes da família que os apóia e os "mantém no lugar", fica muito mais fácil ajudarem outras pessoas. As histórias mais queridas e recompensadoras que escutamos não são as dos nossos filhos, mas sobre eles: de outras pessoas nos contando sobre o dia em que Talmadge se sentou perto delas no almoço quando estavam se sentindo sozinhas ou rejeitadas, ou sobre o ano em que Saydi combinou com suas amigas do bairro de se encontrarem para o almoço todos os dias em frente ao armário na escola de alguma garota que estivesse com a vida descontrolada, para que pudessem conversar juntas. Esse sistema de raízes entrelaçadas pode fazer milagres!

Aprenda a Lei das Sequóias. Una, entrelace e faça uma completa imersão em seus sonhos, sua identidade e seu destino com os outros membros da família. Apóie seus filhos nas pequenas coisas, como participar dos jogos e das apresentações, bem como nas grandes coisas, como manter-se firme nos princípios morais e planejar sua vida. Ensine a seus filhos quem eles são! Mantenha-os próximos física e emocionalmente.

◆ ◆

Uma mãe fez uma pintura a óleo sobre tela de uma grande árvore com três galhos principais — um para cada filho — e quatro raízes

O LIVRO DA VALORIZAÇÃO DA FAMÍLIA
◆ ◆ ◆
Leis da natureza para enriquecer sua vida em FAMÍLIA

principais que se dividiam em oito e depois em dezesseis. Ela colocou pequenas fotos de seus filhos nos galhos, dela e do marido no tronco, e de seus pais, avós e bisavós nas raízes. Ela colocou o quadro no corredor dos quartos das crianças e freqüentemente contava a eles histórias sobre seus ancestrais, em especial daqueles que demonstraram fortes traços de caráter como honestidade ou coragem.

Uma tia maravilhosamente carinhosa, que dividia a responsabilidade de criar os sobrinhos com sua irmã, mãe solteira, começou a se preocupar com o fato de as duas crianças em idade escolar acharem que o sistema de apoio delas se limitava à mãe e a ela. Um sábado ela pegou uma grande cartolina branca e ajudou as crianças a escreverem o título no alto da cartolina: "Pessoas Que me Amam e se Preocupam Comigo". Com a ajuda dela, eles fizeram uma lista no quadro que incluía os padrinhos, o tio, a avó e três amigos muito especiais da família que eles conheciam desde seu nascimento. Ela enfatizou que havia outras pessoas que amavam e se preocupavam com as crianças — alguns professores especiais, treinadores, psicólogos escolares e muitos amigos —, mas que as pessoas na lista da cartolina eram parte da *família*. Que essas pessoas sempre estariam presentes — por toda a vida — para ajudá-los e cuidar deles.

Um casal, durante as férias de verão, ofereceu cinqüenta dólares para o filho que conseguisse recitar de cor os nomes, as datas e os locais de nascimento de seus avós, bisavós e tataravós. Havia um

A NATUREZA DA SEGURANÇA
◆ ◆ ◆
A Lei das Sequóias

bônus de mais vinte e cinco dólares se eles soubessem contar uma história ou incidente sobre cada um desses ancestrais.

Um pai solteiro decidiu que a melhor maneira de dar ao filho o apoio e a segurança de que ele precisava era fazer todo o possível para estar presente em todos os eventos ou atividades importantes. Mesmo só ficando com o filho nos finais de semana, ele fazia questão de colocar cada jogo, reunião escolar ou recital em um grande calendário na cozinha, para que seu filho soubesse quanto ele era importante para o pai. Quando era absolutamente impossível ir a algum lugar, ele dava um jeito de alguém filmar para ele assistir depois.

Um pai tirou cópias de algumas partes do diário de sua avó (dos anos em que ela esteve na faculdade) e as enviou para suas duas filhas na faculdade.

Uma família criou uma canção, um lema e uma bandeira da família para ajudar a aumentar a unidade, a identidade e a segurança que eles queriam que os filhos sentissem.

Uma família organizou um pequeno livro de histórias infantis contendo pequenos relatos e incidentes que reuniram sobre seus ancestrais. Havia duas histórias introdutórias breves. Uma era, na verdade, a história das sequóias e de como as raízes de outros membros da família podem se entrelaçar e nos fortalecer. A segunda era uma história sobre uma tia da família que, na adolescência, lutou contra o álcool e a depressão, mas teve a coragem de dividir tudo isso com seus familiares mais próximos e mais afastados. Eles uniram suas mãos (e corações) e a ajudaram a se manter firme e crescer durante a tempestade.

Um casal tinha dois filhos adotivos do Brasil, além de seu filho biológico. Eles fizeram questão de dizer aos três que eles tinham escolhido trazer cada um deles para a família e que todos eram exatamente iguais. Quando as duas crianças brasileiras tinham idade suficiente para entender, o casal explicou que adoção significava "ser totalmente aceito" e que eles não tinham só pais adotivos, mas avós, tios, tias e ancestrais adotivos. Eles também disseram ao filho biológico que ele não tinha só irmãos adotivos, mas também tinha adotado uma cultura que era tão bonita, tão importante e tão sua quanto a cultura norte-americana.

A família comemorava os feriados, as datas históricas, as tradições e a culinária tanto americanos quanto brasileiros. As três crianças cresceram sentindo que tinham dois conjuntos de raízes fortes e bons.

Uma família pegou, em algum lugar, uma certa aversão ao que chamava de "DPAs" (Demonstrações Públicas de Afeto). Tanto os pais quanto os filhos desenvolveram um certo padrão de serem cínicos e críticos quando se tratava do que a filha adolescente chamava de "coisa do toque mútuo" e que o irmão mais novo chamava de "frescura".

A NATUREZA DA SEGURANÇA
◆ ◆ ◆
A Lei das Sequóias

A família levou um grande susto quando o irmão mais velho se envolveu em um acidente e sua condição e prognóstico eram incertos, por um tempo. Durante o período de incerteza, houve muito mais abraços, mãos dadas e toques entre eles, e eles sentiram uma necessidade muito maior da garantia e da força do "entrelaçamento" físico. Mais tarde, mesmo depois de a crise ter passado e de o irmão estar recuperado, a "coisa do toque mútuo" continuou, e continuou sendo boa. "DPAs" gostosos se tornaram uma parte aceitável do padrão da família.

Uma mãe solteira se pegou fazendo comentários negativos sobre seu ex-marido aos filhos quando ficava brava ou desapontada com algo que ele havia feito. Ao perceber que estava apontando traços negativos da família do marido que poderiam indiretamente prejudicar a auto-imagem dos filhos, ela decidiu que, apesar de seus sentimentos, descreveria o lado da família do pai somente em termos positivos. O sangue dele corre nas veias das crianças, pensou ela, tanto quanto o dela.

Um casal fez um esforço extra para organizar a primeira reunião de toda a família, com avós, tias, tios e primos dos dois lados. Antes do acontecimento do fim de semana, eles ajudaram os filhos pequenos a reconhecer os rostos em fotos e a aprender os nomes. Na reunião, cada pessoa contou algumas histórias sobre si e cada adulto se esforçou para explicar que se *importava* com as crianças, e que, embora não se vissem com freqüência e, em alguns casos, nem se conhecessem antes, mesmo assim eles eram uma *família*, e estariam sempre dispostos a ajudar.

Uma mãe fez um cartaz do "perfil da sombra" de seu filho de quatro anos colocando-o contra uma grande cartolina, acendendo uma luz sobre ele e traçando o contorno da sombra que se formou na cartolina. Em toda a volta do contorno a mãe escreveu as coisas de que gostava e que admirava no filho. Ela escreveu tudo na linguagem de "quem você é", como por exemplo: "Você é sempre um bom amigo das outras crianças... Você está sempre disposto a ajudar quando peço... Você é bom para lembrar de escovar os dentes..."

Quando seu filho tinha oito anos, a mãe o ajudou a fazer uma lista das "Decisões Antecipadas" — coisas que ele já tinha decidido, como "Não vou usar drogas... Vou sempre contar a verdade para minha mãe... Não vou colar nas provas... Vou me preocupar com a terra e não jogar lixo na rua..." e até "Vou me formar no ensino médio e vou para a faculdade". Ela explicou ao menino que as coisas que ele havia decidido faziam parte de *quem ele era*. Ele era uma pessoa honesta, que se preocupava com seu corpo e com a terra e que não abusaria de nenhum dos dois, que estava determinado a fazer faculdade, e assim por diante. Então ela lhe mostrou o antigo cartaz e o lembrou de que as coisas escritas ali também faziam parte de quem ele era.

Esse tipo de conversa se tornou um verdadeiro laço entre eles e deu ao menino um forte sentido de identidade. Mais tarde, quando estava na adolescência, sempre que ele saía de casa a mãe dizia: "Amo você, filho. Lembre-se de quem você é!"

A NATUREZA DA SEGURANÇA
◆ ◆ ◆
A Lei das Sequóias

Um pai, por compreender que a gratidão é uma parte importante da segurança, levou seus dois filhos em idade escolar a um abrigo no centro da cidade em um sábado e combinou que ajudariam a servir o café da manhã para dezenas de desabrigados. Como ele esperava, a experiência incitou muitas conversas sobre gratidão e bênçãos. Mas fez algo mais. Os meninos quiseram voltar lá e ajudar novamente. Eles começaram a se ver como doadores ao invés de apenas recebedores.

Nossa família

O LIVRO DA VALORIZAÇÃO DA FAMÍLIA
♦ ♦ ♦
Leis da natureza para enriquecer sua vida em FAMÍLIA

O Que Aprendemos com as Sequóias

♦

As sequóias são os seres vivos mais altos da terra.
Elas crescem em bosques ou famílias
e suas raízes se entrelaçam abaixo do solo
como se estivessem dando as mãos.
Dessa forma, elas se apóiam umas nas outras
e se ajudam a ficarem retas e altas
mesmo com ventos e tempestades fortes.
Nossa família pode ser da mesma maneira.
Nós seguramos, ajudamos
e apoiamos uns aos outros
para que nada nos derrube.

A palavra "raízes" também representa
os ancestrais — nossos avós, seus
pais e os pais deles.
Como nós viemos dessas pessoas,
herdamos muitas de suas qualidades —
desde sua aparência até
seus traços de personalidade.
Quando sabemos mais sobre eles,
isso nos ajuda a sabermos mais sobre nós mesmos.

A NATUREZA DA SEGURANÇA
A Lei das Sequóias

É muito comum percorrermos longos caminhos, como pais, no esforço de darmos segurança aos filhos. Trabalhamos muito para dar a eles uma bela casa e roupas caras. Entretanto, a verdadeira segurança dos filhos não vem dessas coisas. Vem de saber quem eles são e de onde vieram. Vem das raízes entrelaçadas e dos pais que dão prioridade a seus filhos dentro de lares que são abrigos emocionais seguros para as muitas tempestades da vida.

♦

LEMBRE-SE DA LEI DAS SEQUÓIAS.
DÊ AOS SEUS FILHOS A IDENTIDADE E
A SEGURANÇA DE SABER QUEM ELES SÃO
E DE ONDE VIERAM.
FAÇA UM ESFORÇO PARA UNIR SUAS RAÍZES
COM AS DAS OUTRAS PESSOAS QUE AMAM SEUS FILHOS.
MANTENHA SEU BOSQUE CRESCENDO RETO,
FIRME E PROTEGIDO TANTO DO
VENTO QUANTO DO APODRECIMENTO.

♦

7

A Natureza da RESPONSABILIDADE

Observação aos pais: As próximas duas leis da natureza (capítulos 7 e 8) se aplicam principalmente aos pais e às crianças mais velhas. Algumas das idéias em cada capítulo funcionam com crianças mais novas, mas as parábolas de animais no início dos capítulos podem ser descritivas demais (e talvez assustadoras) para as crianças com menos de dez anos.

Na época em que eu (Richard) estava no ensino fundamental, minha família se mudou para uma pequena cidade nas Montanhas Rochosas. Havia uma lenda nessa cidade — alguns diziam que era uma história verdadeira, provavelmente era uma combinação das duas coisas — sobre um urso-pardo enorme, conhecido como "Velho Efraim" ou "Velho Três Dedos", que

O LIVRO DA VALORIZAÇÃO DA FAMÍLIA
◆ ◆ ◆
Leis da natureza para enriquecer sua vida em FAMÍLIA

havia aterrorizado os antigos colonizadores da comunidade nos anos 1880. Por causa da lenda, e porque os ursos-pardos ainda viviam nas montanhas não tão distantes, havia um interesse pelos enormes ursos, e eu cresci sabendo um pouco sobre seu tamanho e sua ferocidade.

Até seu nome é assustador — "grizzly"* no vernáculo comum da língua inglesa, ursus arctos horribilis *no jargão científico. Os ursos-pardos chegam a ter mais de dois metros e quase quatrocentos quilos, e têm garras de quase oito centímetros. Suas junções musculares únicas dão a eles uma força fenomenal em suas mandíbulas, ombros e patas dianteiras. Eles conseguem comer dezoito quilos de comida por dia e podem capturar um cervo a curta distância.*

Minha história favorita sobre um urso-pardo, no entanto, não é a da antiga lenda, e é mais engraçada do que assustadora.

Certo dia, dois homens estavam andando por uma trilha nas Montanhas Rochosas e, quando fizeram uma curva, deram de cara com um enorme urso. Um dos homens imediatamente sentou-se no chão, tirou um par de tênis de sua mochila e rapidamente começou a calçá-los no lugar das pesadas botas de escalar.

O outro homem olhou para ele perplexo e perguntou: "O que está fazendo? Você acha que pode correr de um urso?"

O primeiro homem respondeu: "Não preciso correr do urso; só preciso correr mais rápido que *você*!"

---

*   Na língua portuguesa, pardo.

A NATUREZA DA RESPONSABILIDADE
◆ ◆ ◆
A Lei do Urso

Desculpe-me pela insinuação levemente parda da história, mas seu propósito é mostrar que às vezes encaramos nossas vidas com a perspectiva do primeiro homem, fugindo ou tentando nos afastar das situações difíceis, e restringindo nossa sobrevivência à capacidade de pensar melhor ou de estar à frente de outras pessoas que se tornam as vítimas.

Por exemplo, podemos ignorar os problemas do centro da cidade ou de um bairro em decadência porque não moramos mais lá, já escapamos disso. Deixe outra pessoa ser devorada! Não é problema nosso.

Em nossas famílias, se não tomamos cuidado, deixamos nossos filhos evitar a responsabilidade de maneira parecida. Eles não limpam o quarto porque podem escapar disso — outra pessoa limpa por eles. Não ganham o próprio dinheiro porque damos a eles. Não têm de encarar ou consertar seus próprios erros porque pagamos a fiança.

E nós, pais, temos nossas próprias maneiras de fugir ou escapar das tarefas difíceis ou desagradáveis — de deixar as batalhas duras para os outros. Imaginamos que estamos em um percurso tão rápido que não temos tempo para os nossos deveres mundanos e cotidianos de pais, então deixamos quanto for possível para babás, professores, treinadores, professores de música, professores particulares, monitores de acampamento e para quem mais pudermos enviar nossos filhos. Usamos, para cuidar de nossos filhos, o método do "empreiteiro geral": usando ou contratando "subempreiteiros" para fazer o verdadeiro trabalho de "construir", treinar ou ensinar nossos filhos. Começamos a ver que nosso trabalho é simplesmente arranjar as coisas e levar os filhos de um lugar ao outro.

Assim como o homem de tênis, nos empenhamos para encontrar um solo mais seguro e elevado, priorizando nosso conforto e deixando

O LIVRO DA VALORIZAÇÃO DA FAMÍLIA
♦ ♦ ♦
Leis da natureza para enriquecer sua vida em FAMÍLIA

que outra pessoa lide com os fardos do urso. Por valorizar o status ou a riqueza, estamos dispostos a correr com nossas carreiras, mesmo quando isso significa deixar o "fardo" de uma criança pequena com uma empregada ou uma babá por longos períodos. Depois deixamos os filhos retribuírem o favor quando eles fogem da arrumação do quarto, das tarefas da casa ou de cuidar do próprio dinheiro.

Nem os pais que recorrem às creches porque não podem deixar de trabalhar, nem aqueles que contratam alguém para ajudar porque podem pagar devem se sentir culpados. Certamente, ambos estão fazendo isso pelos filhos — para sustentá-los ou ter mais tempo com eles. Mas tome cuidado para não ir longe demais em nenhum sentido. Sempre vale a pena considerar uma redução no trabalho de um dos pais para permitir que ele tenha mais tempo com uma criança pequena. E existem profundos benefícios em fazer muitas das tarefas e responsabilidades cotidianas de uma casa sozinho e com os filhos, mesmo se você puder pagar alguém para fazer. Quando você lava pratos ou limpa o chão, você não só dá o exemplo do trabalho, mas também realiza um ato de amor e de autoconfiança do qual as crianças se lembram por muito tempo e, no fim, acabam imitando.

A Lei do Urso é a responsabilidade — assumir total responsabilidade pela família e por um a um dos filhos; priorizar o papel de pai sobre os seus outros papéis; ensinar os filhos pelo exemplo, e esperar que eles também aceitem as responsabilidades da família.

A NATUREZA DA RESPONSABILIDADE
◆ ◆ ◆
A Lei do Urso

Essa é uma lição importante porque a responsabilidade geralmente nos alcança, como um urso rápido e faminto. Correr da responsabilidade financeira da família — viver além dos nossos recursos — provavelmente resulta em uma conta de cartão de crédito que nos devora. Correr da responsabilidade direta e cotidiana com os filhos pequenos resulta em oportunidades perdidas de aproveitar a infância e talvez conseqüentemente resulte em menos confiança e comunicação, e em crianças com problemas cada vez mais graves, que podemos nem saber. Além disso, deixar nossos filhos fugirem da responsabilidade familiar e pessoal geralmente resulta em adolescentes que sempre procuram a saída mais fácil e nunca se tornam realmente independentes.

◆ ◆

Ao contrário do homem em retirada, devemos encarar a total responsabilidade de criar um filho, aceitando a ajuda de fontes como a escola e o acampamento, e até contratando alguém para ajudar se tivermos condições e se isso nos der mais tempo com as crianças. Mas, enquanto isso, devemos sempre lembrar que "a responsabilidade pára aqui". Ninguém pode criar uma criança sozinho, e ninguém deveria tentar. Devemos aceitar com alegria o apoio e a assistência de outros indivíduos e instituições. Mas os pais precisam ser a "força motriz" e os "maestros".

Ao contrário do homem em retirada, precisamos priorizar o desafio à nossa frente, percebendo que, como C. S. Lewis disse, ser pai é a carreira mais importante, e a carreira para a qual todas as outras existem.

Ao contrário do homem em retirada, nossos filhos precisam enfrentar sua própria responsabilidade, desde as pequenas tarefas domésticas quando são menores até ganharem o próprio dinheiro quando adolescentes.

❖ ❖

A beleza da responsabilidade em família é que, quando encarada e aceita, ela se torna um urso leal e treinado, uma companhia protetora que transforma a desafiadora trilha da criação dos filhos através da mata em um caminho mais seguro e agradável. Ela nos permite continuar seguindo em frente no caminho em vez de correr de volta para o topo da montanha ou pegar atalhos entre os arbustos. Ela se torna nossa amiga, e não adversária; um membro querido da família, e não algo a ser evitado e temido.

Quando você cuidadosamente dá responsabilidade aos filhos, está fornecendo a eles a oportunidade de se tornarem os adultos independentes que você quer que sejam. E, durante o processo de dar e aceitar responsabilidade, *você* vai se tornando o adulto completo e responsável que os *seus* pais queriam que você fosse.

A NATUREZA DA RESPONSABILIDADE
♦ ♦ ♦
A Lei do Urso

*H*á muitos anos, quando morávamos em Washington, D.C., fomos convidados para um maravilhoso jantar em Georgetown. Eu (Linda) me sentei ao lado de uma mulher que começou a falar dos filhos. Ela disse, de forma bastante distraída: "Não sei o que as pessoas fazem com os adolescentes. Não tenho idéia do que fazer com minha filha. Ela tem treze anos e vive em seu próprio mundo. O que você acha de um internato? Parece um local tão coerente para uma adolescente ficar na idade em que eles querem mesmo é estar vinte e quatro horas por dia com os amigos. Além do mais, é tão bom ter, lá mesmo, pessoas realmente treinadas para lidar com os problemas da adolescência."

Quando eu perguntei a ela sobre os outros aspectos de sua vida, ela iniciou uma história incrível sobre seu amor pelos cães. Ela adotou diversos cachorros doentes, cuidou deles até melhorarem e encontrou bons lares para todos. E pareceu que a maior parte do tempo, nos últimos meses, ela havia passado preparando um dos cães com *pedigree* para uma apresentação. E como o jantar foi logo depois dos feriados do fim do ano, a mulher estava empolgada ao me contar que no Natal ela havia dado ao marido um retrato de sessenta por noventa de seu cão campeão favorito, em uma bela moldura.

Não estou absolutamente em posição de julgar essa mulher, mas tenho de mencionar que, quando pedi para ver uma foto de sua filha, no final da noite, ela não conseguia encontrar uma em sua bolsa, mas tirou diversas fotos de seus cães. Pensei muito sobre essa mãe nos dias seguintes. O interessante é que ela me ajudou a olhar para os "cães" da minha própria vida.

Todos nós temos esses "cães", que podem consumir uma enorme quantidade de tempo quando fazemos o que adoramos, como exercí-

O LIVRO DA VALORIZAÇÃO DA FAMÍLIA
♦ ♦ ♦
Leis da natureza para enriquecer sua vida em FAMÍLIA

cios, jogos esportivos ou viagens. Também existem "cães" que não adoramos, mas nos sentimos obrigados a cuidar deles. Essa categoria pode incluir projetos no serviço, na igreja ou na comunidade. Podemos incluir a obsessão por manter a casa limpa, os telefonemas intermináveis e a redecoração ou construção da casa. Um desses "cães" ou todos eles juntos podem obscurecer nossa capacidade de ver essa história dos ursos na hora de assumir total responsabilidade pela orientação da vida dos nossos filhos.

*M*uitos anos atrás, acordamos um sábado de manhã com uma batida na porta do nosso quarto. Abrimos e encontramos quatro dos nossos filhos, com idade entre sete e onze, pedindo a mesada da semana. Algo nessa história não pareceu muito certo e começamos a pensar se as mesadas por não fazer nada eram válidas.

Depois de pensarmos um pouco, conversarmos com as crianças e tentarmos e errarmos bastante, desenvolvemos um "sistema bancário" familiar que funcionou bem durante todos esses anos porque enfatizava a iniciativa e a responsabilidade, e parecia mais com o "mundo real" do que o sistema de mesada.

Cada um tinha um quadro simples com seu nome e quatro pinos pendurados em pequenas correntes. O primeiro "pino da manhã" poderia ser colocado se ele acordasse e estivesse pronto para ir à escola na hora certa. O segundo "pino da tarefa" seria colocado quando ele levasse o cachorro para passear, ou o que tivesse sido determinado. O terceiro "pino da prática" poderia ser colocado quando ele terminasse sua

A NATUREZA DA RESPONSABILIDADE
♦ ♦ ♦
A Lei do Urso

lição de casa e sua prática de música. E o quarto "pino de dormir" seria por se arrumar para dormir e se deitar na hora combinada.

Fizemos um grande "banco da família" de madeira, uma caixa com um grande cadeado e uma abertura no topo por onde as crianças podiam colocar um papel todas as noites com os números 1, 2, 3 ou 4, dependendo de quantos pinos tinham conseguido ao longo do dia. Para ser oficial, o papel precisava ser assinado por um dos pais ou pela babá. (A propósito, quando você se dispõe a elaborar um sistema assim, é importante, para ser coerente, que as empregadas e babás o compreendam e o executem quando você não estiver.)

Os sábados se tornaram o "dia de pagamento". O banco era aberto pelo pagador (um de nós dois), e cada criança era paga de acordo com o número de pinos que tinha obtido durante a semana. Um dos principais benefícios do sistema foi que ele nos deu a oportunidade de praticar a Lei dos Caranguejos. Nós elogiávamos quem havia se lembrado de seus pinos e conseguido "o máximo de dinheiro", e tentávamos simplesmente ignorar quem tinha ido mal.

Conforme o sistema foi evoluindo, demos às crianças talões de cheques (velhos ou as sobras dos "verdadeiros" cheques, mas válidos somente no banco da família) para que eles pudessem preencher papéis de depósito para pôr dinheiro no banco e preencher cheques para sacar dinheiro. Nós ajustamos os valores que eles recebiam para que pudessem começar a comprar suas próprias roupas. O banco incluía poupanças separadas, e as crianças começaram a poupar vinte por cento de cada "pagamento", além de dez por cento para caridade ou para a igreja. As poupanças do banco da família pagavam altas taxas de juros, com a condição de que as economias e os juros só poderiam ser usados para pagar a faculdade quando fosse a hora.

O LIVRO DA VALORIZAÇÃO DA FAMÍLIA
◆ ◆ ◆
Leis da natureza para enriquecer sua vida em FAMÍLIA

A melhor coisa do sistema é que ele nos deu oportunidades freqüentes para conversar sobre responsabilidade, disciplina e autoconfiança. Acho que o dia em que soube que ele realmente estava funcionando foi quando entrei no quarto de Noah (de oito anos e novo "no sistema") e descobri que, pela primeira vez na vida, todas as roupas dele estavam penduradas ou dobradas nas gavetas. Devo ter parecido surpreso, porque ele veio até mim, pegou minha mão e disse: "Você sabe como as roupas estão caras, pai. Aquela camiseta ali custou muitos *pinos*. Preciso cuidar das minhas roupas para poder gastar meu dinheiro em outras coisas."

Aprenda a Lei do Urso. Aceite — e até aprecie — total responsabilidade por sua família e seus filhos. Mostre respeito por eles, dando-lhes uma responsabilidade verdadeira.

Uma família, preocupada com o tempo que estavam passando longe uns dos outros, cada um envolvido em suas próprias atividades no trabalho, na escola, com lições, times e amigos, decidiu experimentar dois recursos. Um foi separar as noites de segunda-feira para a família, quando todos eles tentariam fazer alguma coisa juntos — e evitar marcar qualquer coisa que os afastasse. O outro recurso foi tirar os três filhos da aula de piano, porque a mãe era pianista, e da aula de tênis, porque o pai era jogador de tênis. Por um ano eles decidiram trocar o conhecido clichê "Não se pode ensinar os próprios filhos" por mais algumas horas juntos toda semana. Para eles, isso simbolizou assumir a responsabilidade direta

A NATUREZA DA RESPONSABILIDADE
◆ ◆ ◆
A Lei do Urso

sempre que podiam, e priorizar a família acima das outras atividades ou das outras pessoas.

Uma família sentou-se junta em um sábado à tarde e fez uma lista simples de todas as coisas necessárias para a casa durante a semana — comprar comida e cozinhar, limpar o jardim, lavar os pratos —, tudo em que conseguiram pensar, até que tinham uma lista bem longa. Isso levou a uma discussão da família sobre como os pais têm a *maioria* das responsabilidades, mas como os filhos precisavam se sentir envolvidos tendo *algumas*. Da discussão saiu a indicação de algumas responsabilidades específicas com a casa para cada filho.

Uma mãe solteira, que ficou sabendo do nosso sistema de pinos, realizou a mesma coisa de uma maneira ainda mais simples. Ela fez um quadro de estrelinhas para cada filho, onde cada estrelinha representava uma responsabilidade específica, como arrumar o quarto ou fazer as tarefas de casa. Em vez de lembrar as crianças o tempo todo sobre cada tarefa, ela simplesmente dizia: "Como vão suas estrelas?" e elas tinham a iniciativa de tentar lembrar quais eram as responsabilidades do dia. A mãe também ajustava o valor da mesada semanal ao número de estrelas que cada criança havia conseguido na semana, para que a mesada não fosse mais "estabelecida", mas variável, uma recompensa proporcional às responsabilidades que foram cumpridas.

O LIVRO DA VALORIZAÇÃO DA FAMÍLIA
◆ ◆ ◆
Leis da natureza para enriquecer sua vida em FAMÍLIA

Uma família com filhos pequenos percebeu que eles ainda eram novos demais para entender o conceito de responsabilidade ou para lembrar de guardar suas roupas ou brinquedos com freqüência. Então a mãe criou um "jogo de pré-responsabilidade" criativo, ao costurar dois olhos e um nariz em uma velha sacola de roupas sujas. A abertura com a corda era a boca, e os pais apresentaram as crianças ao "Saco de Juta". Eles explicaram que ele era um cara legal e alegre que morava no sótão e tinha um hábito estranho. Ele gostava de descer e "comer" todos os brinquedos e roupas que estivessem fora de lugar, no chão.

A idéia funcionou como um sonho! Quando a mãe ou o pai gritava: "Acho que ouvi o Saco de Juta descendo", as crianças disparavam para guardar as coisas antes que elas fossem comidas. O Saco de Juta "chorava e chorava" quando não conseguia encontrar roupas ou brinquedos para comer. Quando ele conseguia comer alguma coisa, ele voltava no sábado e "cuspia para fora" e as crianças guardavam tudo rápido para que o Saco de Juta não comesse tudo de novo.

O "jogo" era divertido para os pais e, para as crianças, e, durante o processo, elas começaram a desenvolver hábitos que as ajudariam a ser mais responsáveis quando fossem mais velhas.

Um casal bastante religioso, sobrecarregado pela responsabilidade que os dois sentiam com seus gêmeos maravilhosos, porém hiperativos, criaram o hábito de rezar pedindo força e orientação na *procuradoria* dessas duas crianças de Deus. Eles descobriram que pensar

A NATUREZA DA RESPONSABILIDADE
◆ ◆ ◆
A Lei do Urso

nos filhos como uma procuradoria pela qual eram responsáveis em nome de Deus deu a ambos humildade e confiança.

Um pai solteiro, cujo trabalho de vendas o obrigava a mudar de cidade com freqüência, estava insatisfeito com o progresso acadêmico da filha, mas achava que não podia fazer nada, já que ela era forçada a trocar de escola de tempos em tempos.

A menina parecia se reajustar no âmbito social, mas não se saía bem com as mudanças acadêmicas e se achava uma aluna ruim.

Então, um dia, o pai leu, por acaso, um estudo que indicava que a variável mais importante no sucesso escolar das crianças é o envolvimento dos pais. Esperando que talvez *ele* pudesse ser a constante em sua vida escolar inconstante, ele começou a se interessar mais, a perguntar mais e a ajudar mais na lição de casa. E começou a sentir que era responsável pela educação de sua filha, em vez do diretor, dos professores ou até mesmo da cidade em que estava. Ele ajudou a filha a determinar objetivos para os estudos e disse a ela que estaria presente para ajudá-la a alcançá-los.

O progresso da menina foi drástico e imediato.

Uma mãe, na esperança de ajudar seus filhos de nove e doze anos a fazer escolhas responsáveis na vida, leu sobre a abordagem das "decisões antecipadas" (veja o Capítulo 6). Ela adotou a idéia, adicionando seu toque. Fez um quadro para cada um dos meninos, intitulado "Escolhas Que Já Fiz". E explicou a eles que muitas pessoas fazem escolhas ruins e colocam a culpa nas circunstâncias

O LIVRO DA VALORIZAÇÃO DA FAMÍLIA
◆ ◆ ◆
Leis da natureza para enriquecer sua vida em FAMÍLIA

ou nas pessoas a sua volta. Explicou que o pior momento para tomar certas decisões é quando se encara a situação e existe pressão, por parte das pessoas a sua volta, para fazer a coisa errada. Ela perguntou aos meninos: "Quando é o melhor momento para fazer escolhas?"

Nas semanas seguintes ela ajudou os meninos a pensarem em "pré-escolhas", que variavam de "Não vou fumar" ou "Não vou andar de carro com alguém que bebeu" até "Vou me manter virgem por todo o ensino médio". (Outros pais teriam encorajado decisões diferentes, mas essas eram algumas que se encaixavam com os valores dessa família.) Inicialmente, os meninos escreveram suas escolhas nos quadros que a mãe fez, assinando e colocando a data de cada item, para que ficasse sendo um tipo de contrato com eles mesmos. Quando eles ficaram mais velhos, copiaram suas listas em uma página secreta no fim de seus diários. Cada vez que um deles queria acrescentar algo à lista, a mãe criava um "cenário" com eles. ("Você está em uma festa, todos estão experimentando um cigarro, e uma garota que você gosta lhe dá um e tenta acendê-lo para você. O que você diz?") Os estudos de caso foram como um ensaio geral para a situação real.

Uma família com três garotos fanáticos por basquete estava tendo dificuldade para fazer com que eles se lembrassem de cuidar da parte da casa ou do quintal pela qual eram responsáveis... até que o pai começou a chamar essas áreas de "zonas". Os garotos sabiam muito sobre "defesa por zona", e tudo que o pai precisava dizer era:

A NATUREZA DA RESPONSABILIDADE
◆ ◆ ◆
A Lei do Urso

"Lembrem-se: um bom defensor não deixa nada de mau acontecer em sua zona!"

Uma família decidiu abandonar o Natal caro e elaborado de costume e, no lugar, usar o feriado para ir a uma "expedição a serviço" por uma área rural do México, onde ajudaram a construir um poço para um vilarejo muito pobre. As crianças, que ficaram sem presentes naquele ano — porque haviam concordado com a viagem —, ganharam uma visão e uma gratidão enormes com a experiência e passaram a sentir que, de certa forma, elas puderam fazer algo pelo "urso" da pobreza em vez de se afastarem. Os pais ficaram mais unidos com as crianças enquanto trabalhavam e serviam juntos, e acharam que a viagem custou, na verdade, menos do que o Natal comercial tradicional.

Outra família fez um projeto parecido, porém menos elaborado, no abrigo para os sem-teto de sua própria comunidade. Nos dois casos, lições poderosas foram aprendidas sobre a responsabilidade que os pais queriam que seus filhos sentissem pela humanidade.

Nossa família

_____
_____
_____
_____
_____

O LIVRO DA VALORIZAÇÃO DA FAMÍLIA
♦ ♦ ♦
Leis da natureza para enriquecer sua vida em FAMÍLIA

O Que Aprendemos com o Urso

♦

Algumas pessoas, quando vêem um urso, tentam fugir
dele, na esperança de que ele coma outra pessoa
no lugar delas. Mas os ursos são como as responsabilidades —
eles o pegam se você correr, então é melhor encará-los
em vez de fugir.
Na nossa família, todos tentamos assumir a responsabilidade
pelas coisas que são importantes.
E tentamos ajudar outros membros da família
com suas responsabilidades, sem livrá-los
de sua responsabilidade.
Vamos nos lembrar da Lei do Urso!

O problema que muitos de nós têm com a responsabilidade é o adiamento. Os pais dizem: "Vou passar mais tempo com as crianças quando terminar esse projeto, conseguir a promoção, mudar para uma casa nova". Os filhos dizem: "Vou lavar a louça ou arrumar meu quarto depois de jogar, de fazer a lição de casa, de assistir a um programa na TV, ou assim que puder". Claro que não dá para fazer tudo agora, mas devemos nos lembrar de que cada dia com um filho é precioso e que o tempo gasto para estabelecer os padrões de responsabilidade é recompensado por muito tempo.

A NATUREZA DA RESPONSABILIDADE
◆ ◆ ◆
A Lei do Urso

Existem muitas maneiras de se abordar a responsabilidade dentro da família. Os métodos que você escolhe não são tão importantes quanto o seu compromisso com o princípio, e com a ênfase que seus filhos vêem que você dá a ele. Comece com as coisas positivas. Trabalhe nessas coisas *com* seus filhos. Reconheça a responsabilidade que seu filho já assume, e se dê algum crédito por *toda* a responsabilidade que você aceita simplesmente pela opção de ser um pai carinhoso. Então procure maneiras de começar pelo que você já tem. Comece com pequenos passos, e fique contente com o progresso gradual e a melhora estável, porque ser pai não é um jogo de perfeição.

◆

LEMBRE-SE DA LEI DO URSO.
NÃO CORRA. FIQUE. ACEITE TOTALMENTE A
RESPONSABILIDADE PELA FAMÍLIA
E A TRANSFORME EM ALEGRIA.
DÊ RESPONSABILIDADE AOS FILHOS, POIS ESSE É
O MAIOR INDÍCIO DE SEU RESPEITO POR ELES.
TRANSFORME A RESPONSABILIDADE EM UMA
PALAVRA-CHAVE E EM UM ASSUNTO FREQÜENTE DE
DISCUSSÃO DENTRO DA SUA FAMÍLIA. NÃO
EXISTEM SOLUÇÕES MÁGICAS.
É PRECISO TEMPO E PACIÊNCIA, MAS, NO
FINAL, A RESPONSABILIDADE SE TORNA A
MEDIDA DE NOSSAS VIDAS E
DA FELICIDADE DE NOSSOS FILHOS.

◆

8

A Natureza da CONSCIÊNCIA

Uma trilha de terra para bicicletas sobe para as montanhas por trás de uma cabana em Idaho, onde tentamos passar parte das férias de verão. A estrada praticamente só vai até uma pequena lagoa coberta de musgo que sempre fez sucesso com nossos filhos porque é cheia de rãs. Nossos filhos adoram tentar pegá-las, e sempre se surpreendem com a maneira como as rãs nadam bem e com a distância a que podem pular. Alguns dos meninos mais novos se tornaram adeptos da imitação de seu musical: "Rrrrribbit, rrrrribbit".

As rãs são criaturas incríveis. Elas existem há duzentos milhões de anos. Estavam aqui junto com os dinossauros! Podem ser encontradas nos sete continentes. Vivem no deserto e nos trópicos, no nível do mar e no topo das montanhas. São animais extremamente adaptáveis. Grande parte da sua capacidade de sobrevivên-

O LIVRO DA VALORIZAÇÃO DA FAMÍLIA
◆ ◆ ◆
Leis da natureza para enriquecer sua vida em FAMÍLIA

cia está ligada às suas patas traseiras notavelmente longas e fortes, que permitem que elas pulem mais de vinte e cinco vezes o comprimento de seu corpo. Mas essas mesmas pernas longas e fortes são consideradas uma iguaria culinária por muitos seres humanos. E o assunto de que trataremos aqui — pedindo desculpas aos mais sensíveis — não é há quanto tempo elas existem nem até que altura podem pular, mas como elas podem ser cozidas!

Um amigo apaixonado por perna de rã uma vez nos contou sobre o método de cozinhar pernas de rã que mais acentua o sabor. O segredo para o frescor e o sabor, explicou ele, é jogar as rãs vivas na panela, parecido com a maneira como se cozinham lagostas. (E ele insistiu que isso não é menos humano do que qualquer outra maneira de transformá-las em comida.) Mas, com as rãs, isso só funciona se você souber exatamente como fazer. Se você colocar uma rã viva em água fervente, seus reflexos extremamente rápidos, junto com sua capacidade de pular, vão catapultá-la imediatamente para fora da panela. Mas se você colocar as rãs em uma panela com água fria ou morninha, elas se sentem confortáveis lá, relaxam, acham que estão em seu ambiente molhado natural e não se esforçam para escapar.

Então você vai aumentando o fogo tão gradualmente que as rãs não percebem o que está acontecendo até que seja tarde demais. Elas ficam tão confortáveis que dormem e antes de acordarem já estão cozidas.

Vamos pensar nesse processo — no que realmente acontece no fenômeno de cozinhar rãs: a rã é solta na água, seu ambiente natural, por isso se sente confortável. É sua zona de conforto. A água é tão familiar que ela perde seu senso de alarme ou de consciência do perigo. Sua tendência é pensar que água é água, que toda água é igual, que a água é segura.

A NATUREZA DA CONSCIÊNCIA
◆ ◆ ◆
A Lei da Rã

Como ela é um animal de sangue frio, não é muito sensível à temperatura da água, então realmente não percebe que o calor está aumentando gradualmente. Na verdade, conforme a água vai ficando mais quente, ela vai se sentindo ainda mais confortável e sonolenta, até ficar praticamente imobilizada, ignorando completamente o perigo. Ela dorme. Assim, antes de sentir o calor, já é tarde demais; ela está inconsciente e ignora a situação, e é cozida.

Por favor, perdoe-nos pela parte repulsiva da história, mas trata-se de um detalhe muito importante. Quando ficamos confortáveis demais, imóveis demais com a rotina, ocupados demais com o trabalho, basicamente dormimos e perdemos nossa sensibilidade e consciência, e assim não percebemos os sinais de perigo em nossos filhos, nem os potenciais únicos que eles têm e as oportunidades para a ação positiva.

Em média, quanto tempo você acha que passa entre o momento em que um filho experimenta uma droga pela primeira vez e o momento em que um pai fica ciente de que seu filho está usando drogas? Mais de dois anos! Quantos pais se tornam cientes de um problema — qualquer tipo de problema — somente quando é tarde demais para efetivamente fazer algo a respeito? E não apenas quanto a aspectos negativos ou problemas — e quanto às oportunidades? Quantos pais percebem um dom ou um talento do filho tarde demais para estimular ou ajudar o filho a desenvolver esse dom?

Não podemos ajudar nossos filhos se não soubermos o que acontece com eles. Não podemos ajudá-los a evitar ou a superar um problema se não vemos o problema chegar ou percebemos seus sinais de aviso. Não podemos ajudá-los a desenvolver um talento se não percebemos seu dom

O LIVRO DA VALORIZAÇÃO DA FAMÍLIA
♦ ♦ ♦
Leis da natureza para enriquecer sua vida em FAMÍLIA

ou sua aptidão. Entramos na rotina atarefada ou na zona de conforto de nosso próprio mundo e não investigamos, perguntamos ou observamos o suficiente para saber o que realmente está acontecendo no mundo dos nossos filhos... ou em suas mentes e corações.

A Lei das Rãs é a consciência! A consciência pode ser o maior recurso dos pais. Ela nos deixa cientes de todas as outras leis, e capazes de executá-las e de tirar proveito delas. E a falta de consciência permite que os problemas fiquem grandes demais para ser resolvidos e permite que as oportunidades passem despercebidas. Quando estamos mergulhados demais em nossa rotina ou em nosso mundo, não percebemos nem sentimos muito sobre o mundo dos nossos filhos. Os sinais podem estar à nossa volta, o calor pode estar aumentando, mas simplesmente não vemos nem sentimos. Ficamos um pouco sonolentos e imaginamos que está tudo bem.

O instinto natural e saudável da rã é pular, e nosso instinto natural e saudável é cuidar e ajudar nossos filhos. Nossos instintos e intenções geralmente estão certos. Percebemos pequenos toques ou sensações de que algo não está bom com um filho — ou sinais de que deveríamos perguntar sobre alguma preocupação ou procurar algum potencial ou talento que ele tenha. Mas estamos muito ocupados espirrando água por aí em nossa zona de conforto e estamos um pouco sonolentos.

A NATUREZA DA CONSCIÊNCIA
◆ ◆ ◆
A Lei da Rã

◆ ◆

Ao contrário das rãs, devemos nos esforçar mais para perceber, sentir e estar consciente do que acontece à nossa volta, na vida de nossos filhos e dentro da cabeça deles.

Ao contrário das rãs, devemos sair de nossa zona de conforto e de nossa presunção de que tudo está bem e de que nada está mudando em nossos filhos.

Ao contrário das rãs, precisamos permanecer acordados e alerta, e prestar atenção desde cedo tanto aos sinais de perigo quanto às manifestações de interesses, talentos e oportunidades.

Ao contrário das rãs, temos de entender que as águas — as situações, os filhos — *não* são todas iguais, que cada uma é diferente e que temos de compreender essas diferenças.

Ao contrário das rãs, precisamos ser animais de sangue quente — profundamente interessados, carinhosos e sensíveis aos nossos filhos e às suas preocupações.

Ao contrário das rãs, temos de fazer perguntas, muitas perguntas — sobre nossa postura com nossos filhos, a postura deles na vida, o que eles estão pensando e do que precisam.

◆ ◆

*U*m casal que conhecíamos — vamos chamá-los de Val e Elaine — era simplesmente o oposto de muitos pais preocupados e desinteressados. Eles eram um pouco entusiasmados *demais*, envolvidos *demais* com a vida dos filhos. Eles eram bem mais velhos que Linda e eu, e os filhos deles eram adolescentes quando os nossos dois primeiros estavam apenas aprendendo a andar.

O LIVRO DA VALORIZAÇÃO DA FAMÍLIA
◆ ◆ ◆
Leis da natureza para enriquecer sua vida em FAMÍLIA

Val ou Elaine, ou os dois juntos, iam a todas as atividades que envolvessem qualquer um dos três filhos — todos os jogos de futebol, todas as reuniões da escola, todas as apresentações de música ou de dança, todas as reuniões de pais e professores, todos os debates. Até mesmo a todas as festas de pijama, porque parecia que todas as festas de pijama eram na casa deles. Elaine era como o Flautista de Hammelin — o tipo que atraía todas as outras crianças do bairro e com quem todas podiam conversar. E Val não parecia se importar em dirigir um carro lotado de amigos de treze anos para a videolocadora na sexta-feira à noite ou para o McDonald's no sábado de manhã. Comecei a me perguntar se eles tinham uma vida além da que viviam com os filhos — e, indiretamente, através deles.

Mas antes de ficar muito crítico ou cético, observei como os seus filhos falavam com eles e como as outras crianças, que sempre estavam por perto, falavam com eles. Não parecia haver um abismo entre as gerações. Eles conversavam sobre música, sobre TV, sobre o que era legal e o que não era. As crianças falavam com eles como se fossem amigos, e eu tive inveja do que vi.

Quando os anos se passaram, viemos a conhecê-los melhor, e como admirávamos sua família e estávamos impressionados com o tipo de adultos que seus filhos estavam se tornando, conversamos com Val e Elaine algumas vezes sobre sua filosofia e abordagem como pais. Para nossa surpresa, eles tinham uma vida ativa e intelectual separada dos filhos, e as coisas que faziam com os filhos eram parte de uma estratégia bem planejada.

Basicamente, eles disseram que achavam que a parte mais difícil de ser pai era saber o que realmente estava acontecendo — tanto nas "coisas externas", como o que as crianças estavam fazendo e com quem es-

A NATUREZA DA CONSCIÊNCIA
◆ ◆ ◆
A Lei da Rã

tavam saindo, quanto nas "coisas internas", como o que estavam pensando e sentindo. Eles haviam visto outras famílias que tinham perdido seus filhos para as drogas ou para as gangues, ou simplesmente para uma sensação geral de indiferença e separação psicológica, e eles disseram que tinham decidido que só havia três boas fontes de informação ou "inteligência": os próprios filhos, seus amigos, e os professores, treinadores, psicólogos ou qualquer outro adulto que passasse um tempo com eles.

Então os dois conscientemente decidiram estar no mundo dos filhos e perguntar e aprender sobre os aspectos da vida deles que não conseguissem entender à primeira vista. Eles não podiam ir sempre a tudo, mas dividiam a tarefa, indo Elaine a algumas coisas e Val a outras. As reuniões de pais e professores, em vez de serem mais uma obrigação no calendário, se tornaram uma oportunidade de descobrir o que os professores percebiam nas crianças. Levar ou receber os amigos deles se tornou uma chance de ouvir, perguntar e se interessar pelo que os filhos estavam pensando. E eles não precisavam se esforçar para parecer interessados nos filhos, já que viam a interação com eles como a melhor e principal fonte das respostas que buscavam.

Eu fico imaginando, mesmo quando olho para trás e admiro Val e Elaine, se eles renunciaram um pouco demais ou se limitaram seu próprio mundo para estar tão envolvidos com o mundo dos filhos. Talvez a abordagem deles possa ser modificada ou simplificada, mas a lição positiva é que eles estavam certos sobre as três fontes que podem nos ajudar a realmente conhecer os filhos, e que gastar tempo e energia mental com cada uma das três não é só uma oportunidade mas uma obrigação.

O LIVRO DA VALORIZAÇÃO DA FAMÍLIA
♦ ♦ ♦
Leis da natureza para enriquecer sua vida em FAMÍLIA

*E*ra óbvio que nossa filha mais nova tinha habilidade e interesse pela música, porque ela basicamente começou a cantar antes de começar a falar. Ela emitia suas melodias inventadas e suas tentativas de palavras com prazer e exagerando no vibrato.

Assim que conseguimos encontrar um violino 1/8, eu (Linda) a iniciei — afinal, suas irmãs e eu éramos violinistas, e esse era mais ou menos o instrumento escolhido pela família.

Nossa filhinha gostava do gracioso miniviolino e gostava de tentar tocá-lo. Era compreensível ela ser terrível no começo, mas menos compreensível depois de meses e até anos de aulas. Ela ainda adorava música e tinha um ótimo senso de tom, mas ela e o violino pareciam não se encaixar. Nós sentávamos e nos encolhíamos nos recitais, às vezes esperando secretamente que os outros pais não soubessem de quem ela era filha.

Finalmente nos fizemos a pergunta inconcebível: será que o violino era realmente o instrumento certo para ela? Pensamos a respeito disso e conversamos com ela sobre outras possibilidades. Parecia errado perder os anos de aulas e todo o dinheiro que havíamos gastado, então achamos que devíamos pelo menos encontrar alguma coisa na mesma clave para que a habilidade de leitura de partitura que ela havia adquirido continuasse sendo válida. Perguntei a ela se havia outro instrumento que gostaria de tentar, e ela respondeu a flauta. Ocorreu-me que, baseado em quanto ela falava, ela teria fôlego suficiente para tocar flauta.

Foi uma combinação natural. Um caso de amor instantâneo. A flauta era tão natural para ela quanto o violino era não-natural. Tanto ela quanto nós começamos a apreciar as aulas e os recitais na mesma medida que os detestávamos antes.

A NATUREZA DA CONSCIÊNCIA
◆ ◆ ◆
A Lei da Rã

Todas as crianças têm vários tipos de talentos, aptidões e interesses naturais escondidos dentro delas. Os pais que *observam*, que *discutem* e que cultivam uma *consciência* cada vez maior de quem são seus filhos e do que está dentro deles podem ajudá-los a descobrir e cultivar seus dons.

Aprenda a Lei das Rãs. Tenha o objetivo consciente de acentuar sua consciência com relação aos sentimentos, às preocupações, aos interesses e às condições do seu filho. Tente não presumir e tente não ser tão otimista a ponto de não ser realista. Pergunte, investigue, insista em saber. Reúna a inteligência e o *insight* dos amigos e dos professores do seu filho. Mostre seu interesse e sua "necessidade de saber" como uma manifestação do seu amor.

◆ ◆

Um pai solteiro, com custódia de fim de semana de seu filho de doze anos, se deu conta de que nunca tinha visto o menino na escola ou em situações sociais. Então ele se ofereceu para ser assistente do treinador do time de basquete da Pequena Liga em que o filho queria jogar com os amigos. Embora isso tenha diminuído o tempo que tinham sozinhos, o pai descobriu que ele aprendia muito mais sobre o filho e sobre o que ele estava pensando quando o observava interagindo com os outros meninos.

Um casal saía para jantar uma vez por mês — só os dois — com a única intenção de conversar sobre os três filhos e ter idéias sobre como cada um estava e do que precisava. A idéia era que, se eles dividissem suas observações, teriam alguns *insights* sinérgicos. Um deles teria visto algo que o outro perdeu, e discutir esses assuntos juntos motivaria idéias sobre o que fazer.

Essas discussões mensais — sempre sem amigos ou outras distrações, e sempre com a agenda limitada somente aos filhos — evoluíram para algo que chamaram de "Revisão de Cinco Aspectos". Eles se perguntavam: "Como Billy está *fisicamente*?" e discutiam qualquer observação ou *insight* que qualquer um dos dois tivesse. Depois: "Como ele está *socialmente*?" Depois *mentalmente, emocionalmente* e, por último, *espiritualmente*. Eles faziam essas mesmas cinco perguntas para cada um dos filhos. Faziam anotações e planos e decidiam quem trabalharia em quê. Ao final da sessão mensal, eles geralmente tinham decidido três ou quatro coisas específicas para se concentrarem juntos durante o mês. Às vezes eram problemas ou preocupações potenciais que haviam observado ou descoberto — coisas que queriam mudar logo no começo. Outras vezes o foco deles era sobre as oportunidades ou os talentos dos filhos que queriam desenvolver ou elogiar.

Suas observações coletivas — quando viam cada filho em diversas situações — se combinavam para criar uma percepção sinérgica do que cada filho precisava e os objetivos comuns que cada um deles trabalharia com o filho.

Uma mãe, apesar de ser bastante ocupada, começou a tentar dizer "Sim" sempre que podia quando sua filha de catorze anos e os amigos precisavam de uma carona para algum lugar. Ela descobriu, as-

A NATUREZA DA CONSCIÊNCIA
♦ ♦ ♦
A Lei da Rã

sim como a família na primeira história que contamos, que, como uma chofer quieta, ouvindo e observando, ela conseguia perceber várias coisas que estavam acontecendo na vida da filha (e na *cabeça* da filha). Além disso — com algum sacrifício —, ela encorajava os garotos a transformar sua casa no ponto de encontro do fim de semana.

Um pai descobriu que seu filho de nove anos parecia mais disposto a falar sobre o que estava pensando ou sentindo quando era tarde da noite e se ele (o pai) praticasse a "escuta ativa" em vez de fazer muitas perguntas. Ele criou o hábito de levar o filho para a cama, cobri-lo e depois sentar na beirada da cama para ouvir e às vezes parafrasear o que o filho dizia. Se ele dissesse que o dia tinha sido ruim, o pai não dizia: "O que aconteceu?" Ele dizia: "Então hoje não foi bom, né?" Se o menino dissesse que havia brigado com Billy, o pai não dizia: "Que tipo de briga?", "De quem foi a culpa?" ou "Preciso ligar para o pai dele?" Em vez disso, ele simplesmente dizia: "Ah, então parte do dia ruim foi a briga". E o menino continuava, seguindo seu próprio caminho através dos seus pensamentos e sentimentos, contando muito mais ao pai do que ele descobria quando fazia perguntas. As "conversas ao pé da cama" se tornaram uma tradição e duraram até a adolescência do filho.

Uma mãe, que talvez tenha tido uma idéia preconcebida muito específica sobre o que seu filho pequeno seria, foi, certa noite, a uma palestra para os pais, em grande parte porque o título anunciado a intrigou: "A Aventura de Ser Mãe: Educar através da Descoberta".

O palestrante apresentou como premissa que cada criança é uma mistura única e complexa de fatores genéticos, que determinam a aparência física, e de qualidades emocionais e espirituais mais profundas, cujas origens não são totalmente conhecidas por ninguém. "Todo filho é completamente único", disse ele, "e, como qualquer uma de vocês com dois ou mais filhos pode comprovar, as diferenças podem ser grandes mesmo quando a genética é a mesma".

O palestrante prosseguiu falando sobre como pode ser excitante e ousado os pais fazerem um esforço conjunto consciente para descobrir quem são seus filhos — para procurar a essência e as aptidões, propensões e potenciais individuais específicos que cada filho tem. "Precisamos gastar mais tempo e esforço para saber o que temos", concluiu ele, "e conduzir nossas descobertas na direção do que esperamos que nossos filhos se tornem."

Um pai ficou tão chateado (e tão preocupado) com as respostas secas de sua filha adolescente ("Bem" e "Bom") que deu um jeito de levá-la em uma viagem de negócios de dois dias. Seu objetivo era aumentar sua consciência quanto à vida da filha. De fato, longe de casa e sem amigos ou distrações, ela se abriu mais e ele começou a receber respostas verdadeiras às suas perguntas e a sentir uma ligação mais real com a vida dela. Ele lhe disse quanto queria saber e compartilhar seus sentimentos e preocupações. Prometeu que responderia a qualquer pergunta que ela tivesse com a mesma fran-

A NATUREZA DA CONSCIÊNCIA
◆ ◆ ◆
A Lei da Rã

queza e honestidade com que queria que ela respondesse às dele. No vôo para casa, fizeram um pacto entre si que chamaram "o livro aberto". Significava apenas que eles não teriam segredos, que confiavam um no outro e que queriam participar mais da vida um do outro.

Uma mãe descobriu que, se contasse pequenas histórias e lembranças de como se sentia quando tinha a idade da filha, isso criava uma ligação especial e motivava a garota a dividir seus próprios sentimentos e experiências mais abertamente. A chave era pensar em histórias que mostrassem que ela havia tido alguns dos mesmos problemas e preocupações que sua filha — que ela era tão real e vulnerável quanto a filha na mesma idade (nada de dramalhões sem sentido como: "Eu tinha de andar oito quilômetros na ida e na volta da escola").

Um pai separou uma hora do domingo — o único dia que sabia que estaria em casa — para ter uma "entrevista" cara a cara com seu filho de onze anos. Ele antecipou que, conforme o garoto fosse ficando mais velho, poderia resistir ao formato de entrevista, mas por enquanto os dois gostavam disso e o filho parecia encantado com o interesse do pai. Ainda assim, o pai tomava cuidado para que as perguntas soassem como se ele estivesse realmente interessado, e não como um interrogatório, e ele sempre seguia um formato de três categorias.

Primeiro, ele fazia perguntas relacionadas a *caráter*: "Você acha que está sendo honesto? Tem alguém cujos sentimentos você feriu ou de quem você sente que não gosta? Tem alguém que ofendeu você ou de quem você sente rancor? Quais foram as coisas mais alegres que aconteceram nessa semana? As mais tristes?" A segunda categoria era *estudos*: "De que matéria você gosta mais? Menos? Que provas você vai ter essa semana? Em que posso ajudar você?" A terceira categoria era *extracurricular*: O que que você está achando de seu time de basquete? Você vai fazer o teste para a peça de teatro da escola?" Ele queria que a ordem das perguntas sugerisse ao filho a importância relativa das três categorias.

Semana a semana, conforme o garoto reconhecia a sinceridade do pai, ele se abria mais e mais. Ao mesmo tempo, o pai se tornou bastante *consciente* dos pensamentos, sentimentos e preocupações do filho. E o tipo de sistema natural de prioridades que o pai desejava também foi formado. O filho sabia que o mais importante para o pai eram as questões de caráter, já que sempre vinham primeiro. E, embora as duas fossem importantes, os estudos vinham antes das atividades.

Uma família, em um esforço para ficar mais consciente e interessada pela vida dos filhos, simplesmente começou a tentar jantar todos juntos mais vezes. Era sempre um desafio combinar o jantar com os horários de todos, mas, nas noites em que conseguiam, jogavam diversos jogos verbais à mesa, muitos deles inventados para saber mais das perspectivas e dos sentimentos dos filhos. Eles jogavam "Interesse", em que cada pessoa contava a coisa mais interessante que tinha visto ou vivenciado durante o dia. Jogavam

A NATUREZA DA CONSCIÊNCIA
◆ ◆ ◆
A Lei da Rã

"Discursos", em que cada pessoa se levantava e falava espontaneamente durante um minuto sobre um assunto recém-anunciado, como "Amigos" ou "Coisas que me incomodam". Jogavam "Parecidos", em que as crianças tentavam pensar nas semelhanças entre coisas aparentemente diferentes, como um telefone e uma tartaruga (ambos têm a superfície redonda, começam com a letra *t*, deixariam de funcionar se um caminhão os atropelasse, e assim por diante).

Nossa família

O LIVRO DA VALORIZAÇÃO DA FAMÍLIA
◆ ◆ ◆
Leis da natureza para enriquecer sua vida em FAMÍLIA

O Que Aprendemos com as Rãs

◆

Se as rãs estão em uma água que
gradualmente vai ficando mais quente,
elas não percebem que a temperatura está aumentando.
Então elas dormem e por fim
acabam cozidas.
Às vezes, nas famílias, as coisas acontecem
tão gradualmente com os filhos que eles
não percebem onde estão se metendo
nem os pais!
Precisamos observar e ser mais conscientes tanto
das coisas boas quanto das ruins
que estão gradualmente acontecendo conosco.
Em nossa família, não vamos ser como as rãs.
Vamos observar e notar as preocupações, as mudanças
e os talentos uns dos outros.
E vamos fazer muitas perguntas para realmente saber
o que os outros estão sentindo e em que estão pensando.
Dessa maneira ninguém vai dormir
e ser cozido!

A NATUREZA DA CONSCIÊNCIA
♦ ♦ ♦
A Lei da Rã

*J*á foi dito que consciência é poder. E, na falta de consciência, os pequenos problemas ficam maiores e os grandes problemas explodem. É difícil encontrar uma situação ruim que não pudesse ter sido evitada ou pelo menos diminuída ou modificada se tivesse havido mais consciência no começo.

Nunca podemos estar conscientes o suficiente para antecipar tudo — para eliminar todas as surpresas. Mas, ao fazer disso um objetivo e constantemente buscá-lo, nossa consciência de todos os aspectos de nossos filhos pode aumentar drasticamente e se tornar um dos maiores recursos que podemos ter como pais.

♦

LEMBRE-SE DA LEI DAS RÃS.
NÃO FIQUE CONFORTÁVEL DEMAIS.
NÃO PRESUMA NADA.
SEJA MOTIVADO PELO AMOR POSITIVO,
E NÃO PELA SUSPEITA NEGATIVA,
MAS EXERCITE
SEU DIREITO DE SABER!

♦

9

A Natureza da LIBERDADE

A LEI das PULGAS

Você achou que as rãs no Capítulo 8 eram incríveis — capazes de pular vinte e cinco vezes seu comprimento? Que tal uma pulga pulando para cima mais de duzentas vezes sua altura? As pequenas pulgas de 0,8 milímetros podem pular ou saltar dezoito centímetros, e elas pulam tão rápido e com tanta persistência que podem realizar mil saltos em uma hora. Podem puxar um objeto que pese cem mil vezes o peso delas. Não é surpresa os "circos de pulgas" terem sido uma forma popular de entretenimento na Europa no século XIX.

Quando eu (Richard) era pequeno e ouvia o termo "circo de pulgas", imaginava pulgas palhaços, pulgas trapezistas e pulgas andando na corda bamba. E de fato algumas das extravagâncias do inseto europeu da virada do século incluíam elaborar "atos" como esses.

O LIVRO DA VALORIZAÇÃO DA FAMÍLIA
◆ ◆ ◆
Leis da natureza para enriquecer sua vida em FAMÍLIA

Mas então li um dia, com certo desapontamento, que os circos de pulgas amadores mais comuns não passavam de uma caixa de charutos na qual as pulgas ficavam condicionadas a pular apenas até a altura da tampa. Depois de um tempo, quando a tampa é retirada, as pulgas ainda pulam só até a exata altura onde costumava estar a tampa. O "circo" é assistir à apresentação dessas pequenas criaturas saltando para lá e para cá no ar como se houvesse um vidro sobre a caixa.

Embora isso não seja tão legal quanto uma pulga na corda bamba, o fenômeno ainda é muito interessante. As pequenas pulgas, com cérebros menores que a ponta de um alfinete, aprendem que só podem pular no limite da altura vertical de seis ou sete centímetros do interior da caixa de charutos. Elas desenvolvem o hábito de confinar seus saltos a exatamente aquela altura, e mantêm aquele hábito, aquela perspectiva e aquele paradigma mesmo muito tempo depois de a tampa ter sido removida.

As crianças, infelizmente, muitas vezes se comportam dessa forma. Quando há uma tampa colocada sobre suas vidas por pais que só as expõem a uma fina fatia da realidade, elas se acostumam a esse mundo limitado, completo em seu provincianismo e seus preconceitos, até que ele se torne uma pequena caixa de confinamento onde elas vivem o resto da vida.

Talvez você diga: "Bem, mas tem a mídia *nesse espaço restrito... então não há como alguém crescer, hoje em dia, sem saber sobre o mundo lá fora". E é verdade que, com todos os seus riscos e prejuízos, a mídia diminuiu o mundo e transpôs grandes abismos de preconceito e de propaganda. Mas não é só conhecer o mundo que liberta nossas crianças para voarem mais alto que a caixa — é saber que elas têm*

A NATUREZA DA LIBERDADE
◆ ◆ ◆
A Lei das Pulgas

potencial para saltos verticais inacreditáveis. É acreditar que o mundo e suas possibilidades estão ao alcance delas.

A última lei do cuidado é deixar os filhos partirem, e ver que eles irão tão alto e tão longe quanto o verdadeiro potencial deles permitir! Existe o momento de cuidar e de manter perto, são e salvo, e existe o momento de tirar a tampa e encorajar o vôo independente.

Não fizemos um capítulo sobre as águias, mas elas são uma contraparte interessante das pulgas confinadas. As mães águias fazem o ninho com materiais macios para deixá-lo o mais confortável e fofo possível para os filhotes, mas, quando chega a hora de os jovens voarem, a mãe retira o estofamento macio, deixando o ninho espinhoso e desconfortável. Então ela os empurra para fora e faz com que voem.

A Lei das Pulgas é: não mantenha seus filhos presos por tempo demais, nem ponha a tampa a uma altura baixa demais.

Isto pode parecer uma reprise da Lei dos Caranguejos — incentive seu filho em vez de puxá-lo para baixo, elogie ao invés de criticar, encoraje seus sonhos, construa sua confiança e sua auto-estima. Mas aquela era sobre os incentivos; e essa é sobre o potencial, a perspectiva e a visão de longo alcance. É sobre a fé. É sobre pensar e acreditar "fora da caixa". Isso envolve pequenas coisas como colocar um globo no quarto do filho, levá-lo para servir sopa aos desabrigados, assinar uma revista como a *National Geographic*, ou levá-lo ao Museu do Índio. Também envolve coisas maiores como levá-lo para visitar diversas

O LIVRO DA VALORIZAÇÃO DA FAMÍLIA
◆ ◆ ◆
Leis da natureza para enriquecer sua vida em FAMÍLIA

faculdades enquanto estiver no ensino médio, ir com ele conversar com um orientador vocacional sobre as novas profissões emergentes para a próxima década, ou viajar para uma parte seca do Nordeste em vez de ir para a Disneylândia. Envolve coisas muito importantes e contínuas como ajudá-lo a descobrir seus dons e seu potencial escondido e ensiná-lo a pensar fora da caixa sendo criativo e fazendo as coisas de maneira diferente do que as outras pessoas estão fazendo.

Essa lei pode parecer contrária à Lei das Sequóias, que é se manter em seu grupo e crescer onde estiver plantado. Na verdade, além de ser a lei que combina perfeitamente com essa, ela é seu corolário. Queremos que nossos filhos valorizem e se protejam em nossa casa e em nossas raízes, mas também queremos que eles cresçam o suficiente para ver o resto do mundo e para abrir suas asas e voar até lá.

Também há uma harmonia entre essa última lei e a primeira — a Lei dos Gansos. Seja um cidadão do mundo para que possa voar para bem longe, sem limites — mas *sempre volte para casa*.

A Lei das Pulgas é a autorização e a liberdade. Nenhum de nós, pais, conhece o potencial total, individual e único dos nossos filhos, então é nosso dever fazer tudo que podemos para ajudar cada filho a descobrir quem ele é, o que pode fazer e aonde pode ir. Existe um aspecto "interno" e um "externo" disso. Devemos ajudar os filhos a olhar para dentro deles mesmos e perceber no que são bons, o que adoram e pelo que têm paixão. E devemos ajudá-los a olhar para fora deles mesmos à procura tanto das necessidades quanto das oportunidades, para enxergar o mais longe possível e descobrir onde se encaixam.

A NATUREZA DA LIBERDADE
❖ ❖ ❖
A Lei das Pulgas

❖ ❖

Ao contrário das pulgas, nossos filhos precisam saber que sua "caixa" da infância era um lar temporário, onde eles foram criados não para ficar, mas para poder voar.

Ao contrário das pulgas no circo, nossos filhos não devem perceber um teto ou um telhado, nenhum limite artificial para a felicidade ou o potencial deles.

Ao contrário do criador de pulgas, não devemos criar barreiras ou cercas para as possibilidades deles (limites de comportamento — sim; barreiras — não).

Ao contrário das pulgas, não queremos que nossos filhos se conformem e sigam o mesmo padrão que todos os outros.

Ao contrário das pulgas, queremos que eles pensem fora da caixa, sonhem e acreditem.

Ao contrário do criador de pulgas, precisamos dar a nossos filhos a consciência da opção, das oportunidades e da ampla perspectiva de que são feitos os sonhos.

❖ ❖

Lembre-se de que o medo, a precaução excessiva e os limites *não* são coisas com as quais os filhos já nascem. Eles aprendem isso com as atitudes e o comportamento dos pais. As tampas que colocamos sobre eles são feitas da nossa preocupação excessiva e da nossa falta de objetivos.

A maioria dos pais provavelmente não pensaria na "liberdade" como um elemento-chave da educação ou como um objetivo para as suas famílias. Mas não subestime essa nona lei. Não é algo que foi apenas acrescentado no final. Ela pode ser, na verdade, a lei culminante e definitiva.

O LIVRO DA VALORIZAÇÃO DA FAMÍLIA
◆ ◆ ◆
Leis da natureza para enriquecer sua vida em FAMÍLIA

Considere estas duas perspectivas sobre a palavra *liberdade*:

1. *Liberdade* como algo que queremos que nossos filhos sejam "livres para fazer". Livres para sonhar, para estabelecer e alcançar objetivos. Livres para desenvolver suas mentes e talentos, e para alcançar todo seu potencial. A liberdade definida como a autorização e a oportunidade.
2. *Liberdade* como algo que queremos que nossos filhos fiquem "livres de". Livres da violência ou dos acidentes. Livres do preconceito e da mediocridade, da ignorância e do erro. Livres do mal. A liberdade definida como consciência e mente aberta, e como segurança e proteção.

Assim, essa única palavra, *liberdade*, pode incluir nossos dois instintos e desejos mais básicos como pais: *proteger* nossos filhos e vê-los alcançar seu total *potencial.*

Ainda assim, existem também sérias ironias nessa nona lei. Como pais, às vezes tentamos proteger os filhos tirando a liberdade deles com horários, castigos e outras regras? E às vezes tentamos impulsioná-los em direção ao potencial deles tirando sua liberdade? ("Você não vai a lugar nenhum até que sua lição esteja feita.") Será que liberdade demais trabalha contra a proteção e o potencial deles?

Não! O que as regras, os horários e outras fortes políticas da família tiram não é a liberdade, é o *abuso de liberdade*! Liberdade não é os filhos fazerem tudo que quiserem sempre que quiserem. Isso é abuso de liberdade, e a maioria das crianças nos países desenvolvidos pratica isso demais. O abuso de liberdade trabalha contra a

A NATUREZA DA LIBERDADE
♦ ♦ ♦
A Lei das Pulgas

disciplina, a responsabilidade, a segurança e diversas outras leis deste livro. A verdadeira liberdade diz respeito à proteção e ao potencial, e a fazer as coisas difíceis que levam a ambos.

Para deixar nossos filhos livres para viver suas vidas por completo e ir a qualquer lugar e altura que desejarem nesse mundo, devemos despertar a imaginação deles e deixá-los *livre para* sonhar. E então devemos tentar garantir que eles estejam *livres das* coisas que podem segurá-los — protegê-los não só do mal e do perigo físico, mas também da ignorância e da estupidez, do preconceito e do provincianismo, da mediocridade e dos erros, da mesquinhez e da influência de colegas, dos acidentes e da aspereza.

Alguma proteção pode vir de regras, do uso de telefones celulares, da supervisão de perto ou até dos guarda-costas, mas a única proteção real e *duradoura* — e, por isso, a única maneira de dar liberdade verdadeira — é ensinar valores aos filhos.

Com essa última frase, concluímos duas idéias. A primeira é que, sem a atmosfera familiar que as nove leis criam, não conseguimos ensinar muita coisa aos filhos. A segunda é: a verdadeira liberdade é proteção, e a verdadeira proteção significa valores. Isso se reflete tanto nas histórias quanto nos relatos dessa última lei.

A "tampa" é inerentemente mais alta para algumas crianças do que para outras. Temos uma filha, Saydi, cujo medidor de aventuras está quase sempre fora dos mapas. Dos sete de nós que subimos até o cume do Monte Kilimanjaro, com seiscentos mil metros de altura, ela foi a úni-

O LIVRO DA VALORIZAÇÃO DA FAMÍLIA
◆ ◆ ◆
Leis da natureza para enriquecer sua vida em FAMÍLIA

ca de quem eu (Linda) nunca duvidei que conseguiria. (O que é muito mais do que posso dizer de mim mesma!)

Depois do ensino médio, Saydi estava empolgada para sair de seu confortável mundo da escola e ir para a Wellesley College, em Boston, onde se formou em três anos e depois partiu para ficar dezoito meses prestando serviço voluntário e missionário na Espanha. Depois disso, trabalhou em Washington, D.C., para a Fundação Points of Light (Pontos de Luz), e então voltou para a faculdade, onde fez mestrado em assistência social na Columbia University. Enquanto estava lá, ela trabalhou nas trincheiras com as famílias que necessitavam de assistência no centro de Manhattan, geralmente nas circunstâncias mais terríveis de se imaginar, o tempo todo dizendo: *"Amo minha vida!"* Ela foi a primeira a pegar a pá e a picareta quando ajudamos em um sistema de irrigação na Bolívia, e a primeira a "pôr o pé na lama" quando construímos uma cisterna em uma expedição humanitária à África (e a primeira a corajosamente raspar e colocar curativo nas feridas de sarna nas pernas das crianças do vilarejo). Um namorado maravilhoso, que a conhecia muito bem, deu a ela o melhor presente de aniversário possível: saltar de um avião! (Com pára-quedas.)

Então, certo verão, ela anunciou que era o momento de viver o sonho da sua vida: ir para a Índia e trabalhar em um orfanato. Ela não sabia por que se sentia compelida a ir, mas, desde que era pequena, alimentava esse sonho em seu coração. Primeiro ela pensou que simplesmente iria para a Índia sozinha. Sinto muito, foi quando eu bati a tampa da caixa de pulgas e disse: "Pode esquecer". Mas ela pareceu não me ouvir. Conseguiu verbas e dois amigos para ir com ela. Encontrou um orfanato em Madras, dirigido por um casal de idosos, que recebia crianças

A NATUREZA DA LIBERDADE
◆ ◆ ◆
A Lei das Pulgas

de rua desabrigadas. Embora eu achasse que estava louca, acabei abrindo mão de minhas objeções e a deixei partir, com mochila e tudo.

Ficamos preocupados com ela durante semanas, até que ela conseguiu encontrar um café com internet para nos avisar que ainda estava viva. De tempos em tempos, ela admitia que a experiência era "muito mais" do que havia imaginado ou desejado, e nos mandava histórias comoventes de crianças corajosas que sobreviveram sem pais e sem nada no mundo, de senhoras incríveis que a sociedade marginalizava e que eles conseguiam recrutar para ajudar com as crianças. Em um calor de quarenta graus e noventa e nove por cento de umidade, ela e os amigos transformaram uma grande garagem velha e surrada em um abrigo reformado e registrado para órfãos e proscritos.

Agradecemos muito aos céus por ela ter retornado sã e salva. Recentemente, quando vi o pequeno diário em que Saydi guardava as anotações de sua viagem, refleti sobre como chegamos bem perto de não deixá-la ter essa experiência incrível que mudou sua vida. No diário, encontrei uma lista de coisas que ela colocou com o título: "Coisas às Quais Agradeço". Alguns dos itens dessa lista *muito* longa incluíam: um colchão bom, chuveiro, encanamento e água quente, sistema de coleta de lixo, leis de trânsito, educação, mais mobilidade e direitos para as mulheres, amor no casamento, cheiros agradáveis, banheiros e papel higiênico, salada, o fato de o abuso de crianças ser ilegal nos Estados Unidos, serviços aos clientes, a capacidade de fazer as coisas com eficiência, ausência das constantes buzinas, comunicação e capacidade de compreensão, medicamentos, menos poluição, esperança de um mundo melhor, e *liberdade*!

Não pode haver um sentimento melhor do que mandar uma pequena "pulga" para descobrir que às vezes o mundo não tem realmente uma tampa. Dada a chance de perseguir os sonhos, existem mais coisas

O LIVRO DA VALORIZAÇÃO DA FAMÍLIA
❖ ❖ ❖
Leis da natureza para enriquecer sua vida em FAMÍLIA

para explorar, para aprender e para crescer do que podemos imaginar. Ah, como Richard e eu podíamos sair da *nossa* caixa e sermos mais como a Saydi!

A história do livro *Teaching Your Children Values* é basicamente essa: descobrimos que quase todos os pais, não importa a diferença religiosa, política ou cultural, queriam os mesmos valores básicos para seus filhos. (Uma definição muito boa de um conservador é "um liberal com uma filha adolescente".) Mas criar a lista de valores comuns era mais fácil do que implementá-la. Os pais precisavam de ajuda para saber exatamente *como* ensinar de maneira eficiente os valores fundamentais aos filhos. Fomos capazes de criar um livro "como fazer" em grande parte porque tivemos a vantagem e a bênção de ser capazes de tirar idéias das dezenas de milhares de pais que eram membros da nossa cooperativa de pais ao redor do mundo (visite www.valuesparenting.com, site em inglês).

Em vez de jogar todos os valores e todas as idéias de uma vez para os pais, decidimos fazer todos se concentrarem em um valor específico durante cada mês do ano, e então enchê-los de idéias a cada mês sobre como ensinar aquele valor específico aos filhos de diversas idades. Nós apresentamos os valores como estão demonstrados nas páginas seguintes. (Os pais individualmente revisam e enfatizam de acordo com suas próprias crenças e prioridades.)

Essa lista é apenas um ponto de início e um exemplo de como montar um programa de "valor do mês" em uma família.

A NATUREZA DA LIBERDADE
◆ ◆ ◆
A Lei das Pulgas

Janeiro: O Valor da Honestidade

A honestidade com outros indivíduos, com as instituições, com a sociedade, consigo mesmo. A força e a confiança interior produzidas pela confiança absoluta, pela lealdade e pela integridade.

Fevereiro: O Valor do Amor

O cuidado individual e pessoal que vai além da lealdade e do respeito. O amor pelos amigos, pelos vizinhos, até mesmo pelos adversários. E um compromisso prioritário e eterno do amor pela família.

Março: O Valor da Paz

A calma. O sossego. A serenidade. Manter as convicções, mas tentar conciliar em vez de discutir. A compreensão de que as diferenças raramente são resolvidas pelo conflito, e que a mesquinhez nos outros é um indicativo do problema ou da insegurança *deles* e, dessa forma, da necessidade de serem compreendidos por você. A capacidade de entender como os outros se sentem em vez de simplesmente reagir a eles. O controle do temperamento.

Abril: O Valor da Autoconfiança e do Potencial

A individualidade. A consciência e o desenvolvimento dos dons e das singularidades. Assumir a responsabilidade pelos próprios atos. Superar a tendência de culpar os outros pelas dificuldades. O compromisso com a excelência pessoal.

Maio: O Valor da Autodisciplina e da Moderação

A autodisciplina física, mental e financeira. A moderação ao falar, comer e se exercitar. O controle e o freio dos próprios desejos.

Compreender os limites do corpo e da mente. Ser cauteloso com os perigos dos pontos de vista extremos. A capacidade de equilibrar a autodisciplina com a espontaneidade.

Junho: O Valor da Fidelidade, da Castidade e do Compromisso

O compromisso com a segurança da fidelidade no casamento e com a sabedoria das restrições e dos limites antes do casamento. Uma compreensão da responsabilidade que acompanha o casamento e que deveria acompanhar o sexo. A consciência das conseqüências a longo prazo (e de longo alcance) da irresponsabilidade sexual e da infidelidade.

Julho: O Valor da Lealdade e da Confiança

A lealdade à família, aos empregadores, ao país, à igreja, às escolas e a outras organizações e instituições com que se estabelecem compromissos. Apoio, assistência e contribuição. Confiabilidade e coerência ao fazer o que se diz que vai fazer.

Agosto: O Valor do Respeito

O respeito pela vida, pela propriedade, pelos pais, pelos mais velhos, pela natureza e pelas crenças e direitos dos outros. Cortesia, educação, boas maneiras e evitar a crítica e o julgamento.

Setembro: O Valor da Coragem

Ter coragem para enfrentar coisas difíceis que são boas. Força para não seguir a multidão, para dizer não com vontade e influenciar outras pessoas com isso. Ser fiel às convicções e seguir os bons impulsos mesmo quando eles não são populares ou convenientes. A coragem de ser expansivo e amigável.

A NATUREZA DA LIBERDADE
♦ ♦ ♦
A Lei das Pulgas

OUTUBRO: O VALOR DA JUSTIÇA E DA PIEDADE
Obediência à lei, justiça no trabalho e nos esportes. Uma compreensão das conseqüências naturais. Um entendimento da piedade e do perdão, e uma compreensão da futilidade (e do mal que faz) de se carregar um ressentimento.

NOVEMBRO: O VALOR DA GENTILEZA E DA CORDIALIDADE
A consciência de que ser gentil e atencioso é mais admirável do que ser durão ou forte. A tendência para compreender em vez de confrontar. Gentileza, especialmente com aqueles que são mais novos ou mais fracos. A capacidade de fazer amigos e de manter as amizades. Ser prestativo. Ter bom humor.

DEZEMBRO: O VALOR DA GENEROSIDADE E DA SENSIBILIDADE
Tornar-se mais centrado no externo do que em si mesmo. Aprender a sentir com e pelos outros. Empatia, tolerância e altruísmo. Sensibilidade para as necessidades das pessoas e das situações. Experimentar e compreender a alegria da doação.

Além de ser um fim em si, cada um desses valores pode capacitar nossos filhos a alcançar seu potencial e pode protegê-los dos erros, acidentes e outros males aos quais ficam mais sujeitos na ausência desses valores. Por proteger e capacitar, esses valores e a ênfase consciente deles por parte da família se tornam a essência da verdadeira liberdade.

Aprenda a Lei das Pulgas. Capacite e incentive seus filhos a se tornarem verdadeiros "cidadãos do mundo" e a alcançarem a totalidade de seu potencial único e exclusivo.

♦ ♦ ♦ ♦ ♦ ♦ ♦ ♦ ♦ ♦ ♦ ♦ ♦ ♦ ♦ ♦ ♦ ♦ ♦ ♦

O LIVRO DA VALORIZAÇÃO DA FAMÍLIA
◆ ◆ ◆
Leis da natureza para enriquecer sua vida em FAMÍLIA

Uma família (na verdade, centenas de milhares de famílias por meio do nosso livro anterior, *Teaching Your Children Values*, e do site *www.valuesparenting.com*) simplesmente decidiu se concentrar em um valor básico por mês e, então, ao final do ano, decidiu começar novamente e se concentrar nos mesmos doze valores no ano seguinte, e nos próximos. Portanto, cada um dos filhos focalizou a *honestidade* durante um mês inteiro quando tinha cinco anos, depois com seis, mais uma vez com sete, e assim por diante. E eles fizeram a mesma coisa com os outros onze valores. O efeito cumulativo desses esforços focalizados mês a mês é substancial: protege os filhos física e emocionalmente, conforme eles crescem e, quando eles saem de casa, se lançam no mundo como pessoas de moral e princípios.

Uma família, com filhos de nove, onze e catorze anos, tinha uma "noite mundial" uma vez por mês. Eles iam a um restaurante cujo nome começasse com a letra A em um mês, B no mês seguinte, e assim por diante. O "bilhete" que cada membro da família precisava para ir junto era uma pesquisa na internet sobre o país, a cidade ou outro lugar no mundo que gostaria de visitar e que começasse com a mesma letra. No jantar, cada membro, inclusive a mãe e o pai, contava o que havia aprendido sobre Aruba, Alemanha ou África, por que gostaria de visitar o lugar e o que faria lá.

Uma mãe, ansiosa por usar seu pouco tempo de férias com alguma coisa mais memorável e orientada para os relacionamentos do que as típicas férias de verão no litoral, encontrou uma organização

A NATUREZA DA LIBERDADE
◆ ◆ ◆
A Lei das Pulgas

humanitária que mandava "expedições" a localidades do Terceiro Mundo para ajudar nos projetos de irrigação, de educação ou de assistência à saúde. Ela e as duas filhas foram em uma expedição a um vilarejo nas montanhas do México Central e ajudaram a construir um centro de saúde com pequenos blocos de argila. A experiência mudou drasticamente a perspectiva da família (especialmente das filhas) sobre o mundo, abrindo uma visão totalmente nova sobre a gratidão e o desejo de dar ajuda e assistência. O interessante é que a viagem, na verdade, acabou custando menos que as típicas férias voltadas para o entretenimento.

Um pai, na tentativa de encorajar o filho tímido a experimentar mais coisas, sentou com ele e juntos criaram uma "lista de aventuras" com as coisas que o menino achava que gostaria de experimentar algum dia. Ela incluía algumas coisas bem básicas, como "fazer uma caminhada pelas montanhas", "mergulhar de uma plataforma" e "andar de skate". Conforme a lista foi se desenvolvendo, começou a incluir coisas bem exóticas, como "voar de hidroavião" e "conhecer a China". Enquanto a lista crescia, o pai enfatizou que o menino não precisava experimentar tudo de uma vez, mas que ele podia *pensar* nas coisas e eventualmente as oportunidades apareceriam. Isso deu a ele bastante motivo para dizer: "Sabe, na verdade, você pode fazer qualquer coisa que quiser!"

O pai também fez um quadro de "Sou bom em", onde pôde contribuir para a confiança do menino escrevendo qualquer coisa, grande ou pequena, na qual o filho mostrou talento ou interesse.

O LIVRO DA VALORIZAÇÃO DA FAMÍLIA
◆ ◆ ◆
Leis da natureza para enriquecer sua vida em FAMÍLIA

Uma mãe, que também tinha uma filha muito tímida, descobriu que ela era muito menos tímida dentro de casa. Então elas tentaram convidar os amigos com mais freqüência, para que a garota se sentisse mais à vontade e extrovertida.

Uma família começou uma tradição de ter uma noite por mês de "adivinha quem vem para o jantar", em que convidavam alguém com uma cultura diferente e característica para jantar com eles. Os filhos deveriam ter uma lista de perguntas para o convidado.

Um casal (representando milhões de pais que aprenderam a mesma lição) descobriu que *ler* é a senha para ir a qualquer lugar e a chave que destranca todos os limites físicos. Eles iniciaram o hábito de ler em voz alta para os filhos quando eram pequenos, e continuaram a tradição conforme cresciam, muitas vezes tendo os filhos como leitores. Eles tentaram arrumar tempo para ir à biblioteca juntos uma vez por mês, para escolher os livros do mês seguinte, dando ênfase a romances e biografias passadas em circunstâncias e cenários bem diferentes dos deles.

Uma mãe solteira, que morava em uma cidade relativamente pequena, descobriu que o jornal *New York Times* podia ser entregue em sua casa por um valor razoável. Ela e as duas filhas adolescentes começaram um ritual durante o jantar, no qual cada uma "relatava" um artigo que tinha despertado seu interesse no jornal do dia.

Um pai, ansioso por ter mais diálogo com os filhos sobre o assunto de valores e de caráter, criou um torneio entre ele e os três filhos

A NATUREZA DA LIBERDADE
♦ ♦ ♦
A Lei das Pulgas

adolescentes. Cada um escolheu uma das maiores religiões do mundo (um pegou o Cristianismo, um o Islamismo, um o Hinduísmo e outro o Budismo) e foi para a internet buscar a base de valores ou regras de comportamento defendida por aquela religião. Quem participasse iria no passeio da família ao Yosemite Park. Todos se "classificaram" para o passeio, e ele se tornou uma longa discussão de valores, que levou a algumas conclusões sobre como certos valores básicos são universais e por que eles pareciam durar e "funcionar" tão bem em todo o mundo.

Um homem solteiro, que era mais como um padrinho ou um terceiro pai para seus três sobrinhos, desenvolveu a tradição de perguntar a eles todo mês: "O que você quer ser quando crescer?" Ele encorajava os meninos a darem uma resposta *diferente* a cada mês, e dizia a eles que havia tantas coisas interessantes para "ser" que a maioria das pessoas nem pensava a respeito. Ele prometeu que sempre que pensassem em uma profissão nova que talvez gostassem, ele tentaria levá-los (um de cada vez) a algum lugar onde pudessem aprender mais sobre esse tipo específico de trabalho. Quando um deles dizia "bombeiro" ou "médico", ele o levava até um batalhão do corpo de bombeiros ou a um hospital para uma visita. Quando um de seus sobrinhos dizia algo parecido com "astronauta" ou "Presidente dos Estados Unidos", ele pelo menos o levava a uma biblioteca para ver livros e fotografias. Os meninos logo aprenderam que, quanto mais pudessem pensar em profissões interessantes, mais passeios interessantes fariam com o tio.

O LIVRO DA VALORIZAÇÃO DA FAMÍLIA

◆ ◆ ◆

Leis da natureza para enriquecer sua vida em FAMÍLIA

Nossa família

O Que Aprendemos com as Pulgas

◆

Pulgas minúsculas podem saltar de quinze a dezoito centímetros para cima, mas, depois de passarem um tempo em uma caixa rasa com tampa, elas aprendem a nunca saltar mais alto do que a tampa. Mesmo quando a tampa é aberta ou retirada, as pulgas ainda pulam apenas até a altura em que a tampa costumava estar.

As pessoas podem ser parecidas com as pulgas, achando que têm limites – achando que têm de ficar na caixa. Na nossa família, não queremos ter qualquer tipo de tampa sobre nosso potencial. Queremos estabelecer objetivos elevados, alcançá-los e continuar aprendendo e progredindo por toda a vida.
Não queremos ter uma caixa à nossa volta.
Queremos experimentar quanto pudermos do mundo, e compartilhar e estar a serviço das
pessoas e dos lugares que têm menos do que nós.

A NATUREZA DA LIBERDADE
◆ ◆ ◆
A Lei das Pulgas

*T*alvez tudo que os pais cuidadosos queiram seja que seus filhos vivam "fora da caixa", mas que preservem e mantenham seus valores firmemente, não importa a que distância eles vão ou a que altura pulem. Embora não sejamos capazes de controlar o caminho ou o destino deles, podemos ampliar seus horizontes, mostrar a eles as opções e apontar os caminhos.

◆

LEMBRE-SE DA LEI DAS PULGAS.
LEMBRE-SE DE QUE
O PASSO FINAL DO CUIDADO
É DEIXÁ-LOS IR.

O SUBCONSCIENTE E O SIMBÓLICO

CONCLUSÃO

Nosso objetivo como escritores (e esperamos que seja o seu como leitor) não era apenas revisar alguns princípios que você já sabia, dar nomes bonitinhos a antigas idéias ou realizar algum tipo de milagre na sua capacidade de cuidar como pai. O objetivo era ajudar todos nós a *focalizar, lembrar* e *praticar* o que acreditamos que sejam as nove leis mais naturais do cuidado dos pais e das famílias fortes e saudáveis.

Queremos que o sucesso deste livro seja medido não por quanto você gostou de lê-lo ou por quanto ficou impressionado com algumas de suas idéias. Em vez disso, ele será um sucesso se você ainda estiver consciente e agindo de acordo com as nove leis daqui a um ano.

O LIVRO DA VALORIZAÇÃO DA FAMÍLIA
◆ ◆ ◆
Leis da natureza para enriquecer sua vida em FAMÍLIA

Sua mente consciente, que você usou para ler este livro, estará ocupada demais com outras coisas nas próximas semanas e meses para permanecer concentrada nas nove leis naturais todos os dias. Mas sua mente subconsciente — o vasto e imenso recurso não direcionado — pode ser sua chave. Se você conseguir que as baleias, os caranguejos e as trombas de elefante se estabeleçam bem o suficiente nesse subconsciente poderoso, seus bons instintos e comportamentos como pai serão tão automáticos quanto sua digestão.

A mente subconsciente pode ser programada por símbolos e imagens. Agora você pode dizer "Gansos" e pensar em compromisso, ou "Rãs" e pensar em consciência. Mas, com o tempo, essas imagens e os detalhes que simbolizam vão começar a desaparecer. Sendo assim, sugerimos três coisas:

1. Coloque este livro em algum lugar que você veja. Deixe que a capa dele seja um lembrete subliminar. Pegue o livro de vez em quando e o folheie. Veja se as imagens ainda o lembram das características que você quer apresentar como pai.
2. Periodicamente — daqui a alguns meses ou sempre que o significado dos símbolos começar a desaparecer — arrume uma ou duas horas e releia apenas as parábolas que abrem cada um dos nove capítulos. Verifique as idéias que você escreveu mais para o final de cada capítulo; então coloque-as em prática ou escreva novas idéias. Dê um pequeno incentivo ao seu subconsciente, e depois confie nele para trabalhar para você e para influenciar as ações e as reações da sua família.

O SUBCONSCIENTE E O SIMBÓLICO
♦ ♦ ♦
Conclusão

3. Faça com que seus pensamentos sejam mais interativos expressando suas idéias e experiências com as nove leis naturais. Entre no site *www.valuesparenting.com* e clique no botão "nurturing". Suas idéias vão ajudar outros pais, e as idéias deles vão ajudar você.

Este livro vai ajudar você a ensinar valores específicos dentro do ambiente familiar cheio de confiança e de cuidado que você está criando agora.

♦ ♦

Você deve ter percebido que todos os capítulos terminavam com um resumo que começava com a palavra "Lembre-se". Vamos terminar o livro da mesma maneira:

Lembre-se	de que seus filhos são sua principal prioridade e sua maior alegria.
Lembre-se	de que seus filhos vão ficar na sua casa por apenas um quarto de sua vida (e um quarto da vida deles).
Lembre-se	de ser natural e de confiar nos seus instintos.
Lembre-se	de curtir seus filhos!
Lembre-se	de que você não está sozinho nas preocupações que sente pelos seus filhos e no seu desejo de cuidar deles melhor. Existem dezenas de milhares de outros pais com preocupações similares às apresentadas neste livro.

O LIVRO DA VALORIZAÇÃO DA FAMÍLIA
◆ ◆ ◆
Leis da natureza para enriquecer sua vida em FAMÍLIA

Lembre-se de visitar e de manter contato com essas outras pessoas (e conosco) por meio do site *www.valuesparenting.com* (em inglês).

Lembre-se das nove leis.

◆ ◆

Agradecimentos

Tivemos o prazer e a sorte de trabalhar neste livro com pessoas que realmente fazem os clichês terem significado:

Nosso agente, Jan Miller,
que sempre vai além

Nossa editora, Nancy Hancock,
que sabe a diferença entre o bom e o melhor

Nosso ilustrador, Von Fedoroff,
cujas ilustrações realmente valem mais do que mil palavras

Sobre os Autores

Pais de nove filhos ("um de cada tipo"), Linda e Richard Eyre são os autores do livro número um da lista dos mais vendidos do jornal *New York Times*: *Teaching Your Children Values*. Trabalham em televisão como orientadores de pais, são indicados pela Casa Branca para questões familiares, são palestrantes internacionais, autores de uma dezena de livros voltados para os pais e fundadores de uma organização global de pais. Eles dedicaram muito da vida profissional a fortalecer famílias.

Pais & Filhos
A FAMÍLIA EM 1º LUGAR

Gravidez, Parto e Aleitamento
ISBN: 978-857680-210-5
208 páginas
Gravidez, Parto e Aleitamento passa de forma prática e clara informações e conhecimentos referentes a gestação, aleitamento e cuidados com o bebê nos primeiros seis meses de vida. São experiências de uma mãe nutricionista transmitidos às futuras mamães, esclarecendo dúvidas, derrubando mitos e abordando de forma deliciosa e esclarecedora a questão nutricional durante a gestação, o parto e o aleitamento. Este texto não é um conjunto de regras ou receitas, quer de gravidez, parto, amamentação, quer de alimentação, suplementação, nutrição. É, sim, um baú de emoções reais, recheado de informações valiosas.

Parto Natural
ISBN: 978-85-7680-250-1
269 páginas
Quais são os riscos? Quais são as vantagens? Qual é a melhor escolha em cada caso? A autora, Hélène Vadeboncoeur, insere você em sua pesquisa de trinta anos sobre o parto natural após cesárea e lhe dá um vislumbre de experiências de outras mulheres através de relatos em primeira mão. Estudos científicos e experiências vivenciadas por mulheres que tiveram seus bebês pelo parto natural ajudarão a entender os procedimentos. Mesmo que você não opte por este tipo de parto, este livro será muito útil para o seu conhecimento como gestante.

Introdução Alimentar
ISBN: 978-857680-251-8
244 páginas
Neste livro a autora passa orientações nutricionais e gastronômicas para as mamães, papais, titias, avós, cuidadoras, babás, de forma prática, clara e objetiva. Dando sugestões de cardápio, receitas; explica o passo a passo da introdução alimentar a partir dos 6 meses até os 2 anos de idade. A partir dos 2 anos, a criança já conquista uma alimentação similar a dos pais, a autora orienta e sugere quais alimentos devem ser oferecidos, em que fase e como eles devem ser oferecidos.

TDA/TDAH - Transtorno de Déficit de Atenção e Hiperatividade
ISBN: 85-8938-448-9
266 páginas
Sabe aquela criança que não para um minuto e deixa pais, irmãos e professores loucos? Ela pode ser vítima do transtorno de déficit de atenção e hiperatividade. A criança que age dessa maneira altera completamente a rotina de todos a volta. Mas o que fazer quando broncas, castigos, privações, conversas e conselhos são inúteis? Prático e em linguagem direta, este livro exemplifica o comportamento de pessoas vítimas desse distúrbio, mostrando quais suas implicações no dia a dia da família, os problemas e também as soluções. Um alento para os pais.

Soluções para Noites Sem Choro – Para Crianças de 0 a 1 ano
ISBN: 85-8938-410-1
224 páginas

Mãe de quatro filhos e orientadora educacional, Elizabeth Pantley elaborou um método para acabar com as noites em claro sem apelar para soluções como deixar o bebê chorar a noite toda ou fazer dos pais mártires que passam a noite em claro. A autora mostra que é possível ajudar o bebê a adormecer e dormir tranquilamente. Para isso, é preciso compreender os padrões do repouso do bebê, por meio de análise e avaliação, a fim de aprimorar o sono.

Soluções para Noites Sem Choro – Para crianças de 1 a 6 anos
ISBN: 978-857680-075-0
344 páginas

O amado clássico para os pais, de Elizabeth Pantley, *Soluções para Noites Sem Choro*, ajudou muitos pais a ajustarem o sono de seus bebês com carinho. Agora, a autora mostra as ferramentas para ajudar seu filho de 1 a 6 anos a ir para a cama, permanecer nela e dormir a noite inteira. Seu filhinho não dorme a noite inteira, briga para não ir dormir e você não tem uma boa noite de sono há anos? Conquiste o descanso que você precisa com os conselhos dados pela autora.

Convivendo Com Autismo e Síndrome de Asperger
ISBN: 978-857680-038-5
336 páginas

Esta obra sobre os cuidados com a criança autista é um recurso ideal para as famílias e também para os profissionais que trabalham com eles. Em linguagem clara e simples, os autores explicam a natureza dessa condição e suas variações, e abordam problemas comuns vivenciados em atividades do cotidiano, como comer, dormir e ir ao banheiro. Além disso, sugerem estratégias para lidar com crises repentinas de raiva ou mau humor, e apresentam alternativas para melhorar as aptidões sociais e de comunicação.

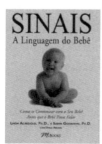

Sinais – A Linguagem do Bebê
ISBN: 85-8938-418-7
192 páginas

As especialistas em desenvolvimento infantil Linda Acredolo e Susan Goodwyn descobriram os Sinais Infantis em 1982. Após duas décadas de pesquisas, constataram que bebês cujos pais ensinam os Sinais Infantis aprendem a falar mais cedo, são mais bem humorados, saem na frente no desenvolvimento intelectual, expressam melhor suas emoções e desenvolvem vínculos mais sólidos com os pais. Os Sinais Infantis são fáceis de aprender e ajudam muito a entender a mente do bebê. As recordações para os pais e os benefícios para o bebê durarão a vida toda.